我が子が発達障害だとわかったら 絶対に知っておきたいこと

図書館情報学学士
桃川あいこ［著］
医師／医学博士
池田勝紀［監修］

JN191333

Gakken

はじめに

発達障害児の育て方のお勧め本、先に全部読んでおきました。

情報収集がネットだけだとなぜ難しいのか？

今この本を読んでいる皆さんは恐らく、日々大変で不安な中で、この本を手に取ってくださったことと思います。本当にありがとうございます。

「うちの子、周りの子と全然違うところがあって育てにくい」

「子どもの発達についてあれこれネット情報は漁ったけど、今悩んでいることが解決する気がしない。不安が消えない……」

子どもが小さかったころの、私の悩みです。

私は、発達障害の子どもを成人まで育ててきた一人のお母さんです。子育てで悩み始めたころ、周りの人に話を聞いてもらっても、スッキリする答えをもらえることがありませんでした。

ネット黎明期から大学で情報検索について学び、ネットから正しい情報をとってくることの大切さやコツをつかんでいたので、「もう子育ての悩みは、ひたすらネットを調べ倒して判断するわ」と決めました。

ネットから正しい情報をとってこられたら、子育ての悩みや不安はすべて解決すると思い込んでいたのです。

ですが、今振り返って思います。**発達障害の子どもを育てる知恵は、ネットでは不十分でした。**

まず、**発達障害を持つ子どもと一口に言っても多様性がありすぎて、子育ての現場に沿ったネット記事を作ることは難しい様子が見られました。**また、発達障害児にまつわる情報はあふれかえっており、我が子の状況に合っていて納得できるものを探すのに骨が折れたのです。

ネットの情報というものは基本的に単発的で、**一つの記事を読んでも狭い範囲のことしかわかりません。それが本当に正しい情報なのか、複数の記事をたどる必要もあります。**

そして、ネット記事はモノとして存在感がうすいものです。読みかけの記事でもちょっとした操作ミスでどこかに飛んで行ってしまったり、「保存」しても読み返さない人がほとんどだと思います。

つまり**ネット記事は、よい内容でも、それを繰り返し自分に取り入れて覚えておくといったことがやりづらいメディア**なのです。

知っておくだけで不安まで解消される本を目指しました

「子育て、どうしてこんなにうまくいかないんだろう?」という当時の私の悩みを解決するには、

- **発達障害というものがあると、まず知ること**
- **その全体像を理解しておくこと**

・そうだった場合に、おうちでできることや、サポートしてもらう方法などの大切なポイントを知っておくこと

が必要だったと考えています。

そして、日々の家事・育児だけで疲れていて動けない自分もいたので、発達障害について知識と経験を持ち、理解があって応援してくれる伴走者がいたらよかったなと思うのです。

本書はそれを目指して作りました。

私にはそういう伴走者が周りに見つかりませんでした。最初の知恵は、なんとなく子育ての相談を振ってみたカウンセラーの友人や夫の同僚など、思いがけないところから得たのです。

彼らから教わったキーワードを元に調べていくと、世の中のお医者さんや専門家、経験者が本気で情報を取りまとめたかたちである「本」が見つかり、そこでようやく発達障害のいろいろを知るようになりました。

本には、複数の人たちが責任をもって編集した、ネットより深くて詳しい、体系づけら

れた知見がありました。

ここ数年で発達障害はかなり世の中で知られることとなり、さまざまな本が出るようになりました。ですが、**本が見つかっただけでは、まだ不十分だった**のです。

困難な子育ての合間に自分に合う本を選び出し、本を読む時間を確保することはとても厳しいのだと、私は知っています。

そこで本書では、発達障害に関する本の中で評価の高いものや支援者向けの専門的なものなど**計100冊余りを、情報マニアのお母さんが読み込んだ中で、「発達障害のこういうことを知っておいたら、漠然《ばくぜん》とした不安がなくなって、ちょっと落ち着いて目の前の子どもと向き合えていけただろうな」**と、育児の現場を振り返って思ったことがらをまとめています。

小さいころの我が子は、「公園を嫌がる」ことが衝撃的で、厄介な場面が毎日のようにありました。

そんな中でも、ピンポイントな情報を得て実践もできるようにしておくことで、**保護者のみなさんが希望をもって子どもを育てていける状態をつくること。**これが大切なんだと実感しています。

発達障害についてはさまざまな言いようがありますし、我が子を「天才！」と持ち上げる気の持ちようで、だいたいのことは目をつぶってやっていけたりもします。気の持ちようはそれでいいとして、子どものためにできることを続けていき、将来の見通しをある程度知っておくことが、本当の意味での「前向き」だと私は考えます。

文章中、重要ワードは【　】でくくっています。
根拠や実績があり実践しやすいことも含めて最新情報を、と心がけてまとめました。
この本が、みなさんのおだやかな暮らしを手助けできるものになればと願っています。

２０２５年４月　桃川あいこ

CONTENTS

はじめに 発達障害児の育て方のお勧め本、先に全部読んでおきました。

第1章 わかっているようでよくわからない……。発達障害って、そもそも何なの？

第2章 特性を持つ子どもへの考え方

第3章 助けてくれる場所、助けてくれる人たち

第4章 日常生活の中でできること

第5章 大きくなったときにどうするか

デザイン　矢部あずさ（bitter design）
本文DTP　荒木香樹（コウキデザイン）
イラスト　碇 優子
校正　宮川 咲
制作協力　長倉顕太、原田翔太
（The Authors' Club）

第 1 章

わかっているようで
よくわからない……。

発達障害って、
そもそも何なの？

病気じゃなくて、生まれながらの脳の違いです

はじめに、発達障害とはどういうものなのか、どのようにとらえるものなのか、基本的な知識からお伝えします。

すべての人には生まれながらの「気質」があり、遺伝子によってそのほとんどが決まっています。気質とは発達心理学の言葉で、何かがあったときにどう感じてどう行動するか、そしてその気持ちをどう処理するのか、といった脳の働き方のことです。

例えば気質の一つに「敏感さの度合い」があります。これは子どもによって違いがあり、臆病な子・冒険心が強い子、一人で遊ぶのが好きな子・集まりが好きな子、といった個性として現れてきます。

なお、脳にはさまざまな部分があって、役割を分担しています（p19の図1）。全員が、脳のすべてをまんべんなく十分に使えているわけではありません。脳のどこかに機能が落ちる部分があったり、そこを補おうとして他の部分を余分に使っ

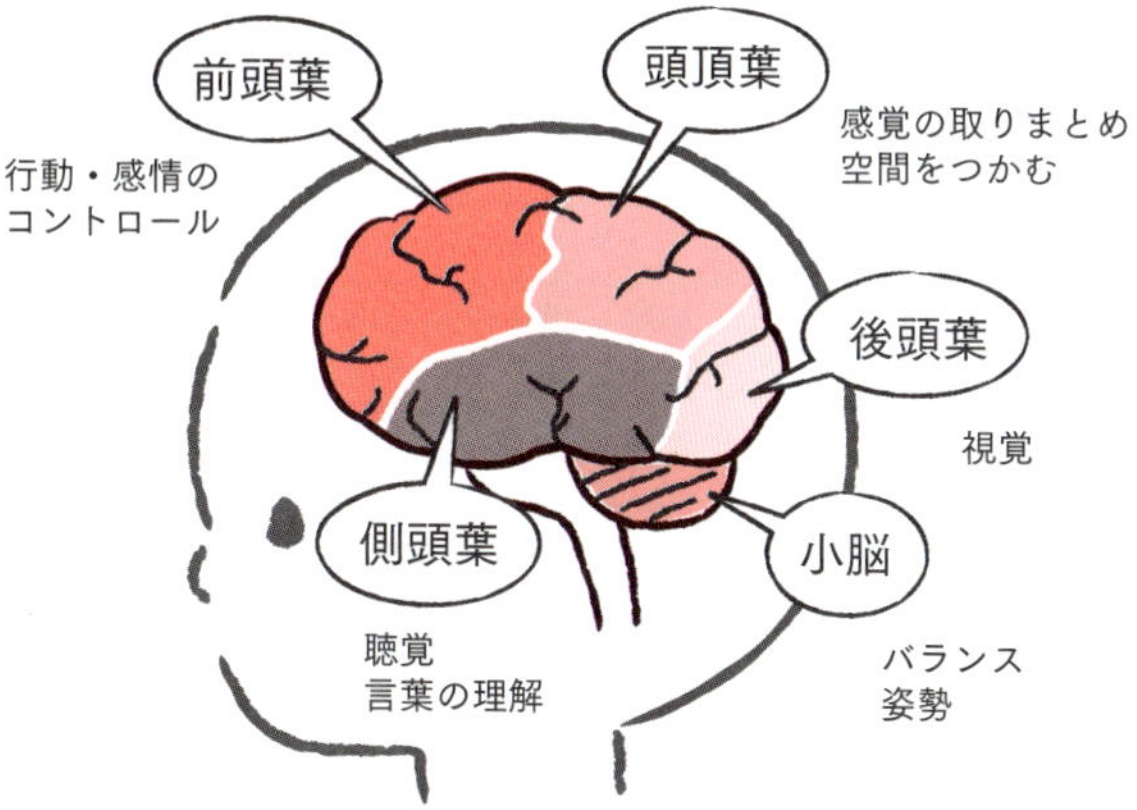

［図 1］ 脳の部分とそれぞれの役割

ていたり、**大多数の人たちとはちょっと違う特徴の脳を持った人たちがいます。それは発達の「特性」と呼ばれ、**このような人たちには行動にもある種の特徴が見られることがわかっています。

特性の出方にはさまざまなバリエーションがあり、**「できないこともあり、すごくできることもある」というパターンもあります。**彼らについて、もっとカジュアルに**「発達凸《でこ》凹《ぼこ》」といった呼び方**も使われています。

脳の特徴は、人によって違うのが当たり前です。脳の育ち方や使われ方の違いは個人差の一つで、これを**全部ひっくるめて「障害」と呼ぶようなものではありません。**

生まれつきのことによって生じる個人差（例えば身長の高い低いなど）には本来よしあしはなく、必ず生活の差し障りになるかというと、そういうものでもありません。

行動やコミュニケーションに「困り感」がある状態

特性があっても明るくやり過ごす気質の人もいますし、何かやらかしても周りの人がそれを受け入れ、その人がやるべきことを進めていける環境もあるかもしれません。

特性が「発達障害」という呼び方に変わるのは、その人が暮らしの中で折り合いがつかず「困り感」が出ているとき。「困り感」とは次のようなものを指します。

- 日常生活や社会へ出たときに、必要なのにできないことや、やり方がわからなくて途方に暮れる物事がある
- できないこと・わからないことのために、言動に望ましくない変化が起きる（かんしゃく・パニック行動・うつ症状など）
- 本人の言動が、周りにいる人たちの生活に支障をきたす（夜中に起き出す、教室で暴れ

て授業が中断される、など）

- 周りからの理解がない環境で、どうしても苦手さが克服できないことをやらざるを得ず、失敗や問題を引き起こしやすい状況が続く

現代人として暮らしていくには、生活の中でいろいろと複雑な作業が生じます。また、完全に一人で生きていける環境は滅多になく、何かしら他の人や社会と接しながら暮らさざるを得ないものです。

生活に必要な作業や他の人とのコミュニケーションのやりようがわからない、あるいは頑張ってもうまくいかない人たちの「困り感」は、個性として片付けられる範囲を超えているものとしてとらえられるようになりました。

大人になった当事者たちの多くは、生活の中で必要なのにどうしてもできないこと（時間を守れなくて遅刻するなど）から「困り感」を持っており、脳の個性や才能といったポジティブな言い方で片付けられる問題ではないという声を上げています。

発達障害の子どもは増えているの？

日本では、文部科学省により、学校以外で特別な指導を受けている子どもの数について調査が行われており、２００６年から14年後の２０２０年では、その数が10倍近く（９万人）に増えたという報告があります。現在、発達障害の子どもは全体の10％にのぼるといわれています。

発達障害と診断される子どもが増えた要因は３つあります。

１　医学的に「発達障害です」と認められる範囲が広がった。以前は性格の一部と考えられていた特徴も、発達障害として診断されるようになった

２　発達障害の存在が世間で知られるようになり支援体制が整ってきたため、それまでは見過ごされる範囲だった子どもたちも診察を受けて、発達障害の診断をもらうようになった

3　生活環境や社会が変わって複雑になり、こなさなければならないことのテンポが速くなったため、ついていけず苦手なところが目立つ子どもが増えた

子どもたちが変わったのではなく、発達にまつわる医療や子どもたちを取り巻く環境が変わってきているのです。

遺伝子と環境、両方が関係する

脳の発達や働きは、さまざまな遺伝子と環境因子（その人の周りにあるモノ・人・社会）が複雑に絡みあって生じています。

ＡＤＨＤ（注意欠如・多動症）といった主な発達障害については、家系の中での発症率についても調査や研究が進んでいます。**発達障害の原因は、いくつかの遺伝子や環境の影響の積み重ねによるところが大きい**とわかってきています。どの遺伝子が働くか、また脳の成長や状態は、子どもの周りの環境によって変わります。

生まれ持った特性は変わらない部分もありますが、**子どもの時期は脳が大きく成長する**

時期です。そのため、これからどのように伸びていくかは一人ひとり違いがあり、周囲のサポートによって変わっていく部分もあります。

特性を持つ子どもたちが安心して自分らしく成長していけるよう、周りの人たちの関わり方がとても大切になります。

どうして特性を持って生まれてくるの？

脳の発育が進む胎児のころ・出産時・生まれた後の早い時期に、何らかの異常が子どもの体内で起きて脳に影響を及ぼしたために、特性が生じるのではないかといわれています。

エビデンス（医学的な根拠）のある要因としては、**父親または母親の高年齢・妊娠中の感染症、早産、大気汚染、農薬などさまざまなものが挙げられ、他にも医療の現場からは栄養不良の問題**などが挙げられています。

とはいえ、発達の仕方は子どもそれぞれに違いがあります。同じ遺伝子を持つ双子であっても、一人にのみ特性があらわれたケースもあります。

生まれつきのものであり個人差がある身体の状態について、遺伝子の他に「これだ!」と決定できる原因を探ることはまだ難しいです。ただ、診断のときの聞き取り調査では、環境要因として考えられることがいくつか見えてくる場合があります。

原因を探る研究は進んでいますが、子どもを診断する現場では、今の子どもの状態を把握してどのように育てていくかを考えることに焦点が当てられます。

子どもが小さいうちは、診断が難しいことが多い

脳は子どものうちに急激に発達して、ほとんどの発達を済ませるといわれています。ですが、脳は経験から学びを積み、言動に変化を及ぼしていきます。

子どもが今の段階で特性があるように見られた場合でも、「育っている最中での、**現時点での状態」でもあるのが、大人の発達障害とは違うところ**です。特性が見受けられてもまだ固定されていないという見方もあり、診断には難しいところがあります。

子どもが小さいうちは、特性があるかどうかに関係なく、このような事態が起こり得ます。

- 気持ちや感覚を言葉でうまく伝えられないので、暴れるなどの行動で表現する
- 指示されたことが年齢的に（経験や学習が足りておらず）難しくて、うまくできなかった
- 普段とは違う環境のために、普段はできることが緊張してできなかった

例えばＡＤＨＤは、先生の指示に従うことができてくる年頃である5～6歳から、診断が可能になるといわれています。

一方で先に挙げたように、緊張したり落ち着くことができなかったりする場所では、多くの子どもに「動き回る」「集中しない」「我慢ができない」といったＡＤＨＤに近い様子が見られるものです。

今できないことは生まれつき不得意であり特性に当てはまるのか、それとも発達が少し遅れているだけでそのうち追いつくのか、判断が難しい領域です。

子どもが小さいうちは、医療機関などで発達の専門家とつながってもすぐに結論を出せ

ず、ある程度の期間は「様子を見ましょう」と言われて、発育の観察を続けていくしかないこともあります。

公的な集団検診のタイミングとしては、赤ちゃん期の定期健診や、就学前健診（小学校に上がる前の年度の10～11月頃）があり、そこでも発達の様子をチェックする機会はあります。

ですが、それ以外のタイミングでも、

・朝から晩まで、場所や状況に関係なく独特な行動がある
・同年代の子どもたちとは明らかに違うところがある
・それらが子どもや家族にとって、生活上の「困り感」を招いている
という流れが出てきたときには、発達の専門家とつながって相談してみることを勧めます。

特性を持つ子どもを支援する基本的な流れ

特性を持つ子どもを保護者の独断で育てていくことには困難が伴い、子どもの状態に合わない育て方を続けるリスクがあります。

専門家へ相談することで、子どもがどういう特性（強みや弱み）を持っているのか、今どのような課題を抱えているのかを把握できます。その子どもに合うサポート（できないことを手伝うやり方）やトレーニング（伸びしろがある能力を伸ばす）へとつなげていくと、本人や周りの人のストレスを減らすことにつながります。

子どもの特性を把握することで、家族だけでなく周囲からも理解を得られやすくなります。さまざまな場面で、ふさわしいサポートをしてもらいながら子どもが育っていく道のりが開かれるのです。

特性を持つ子どものことで困ったとき、以下のルートをたどって相談を進めていくケースが多いです。子どもの特性について医学的な詳しい裏付けを得て、子どもに合ったサポートやトレーニングを考え、施設や学校などと協力していきます。

◆子どものことを医療機関などに相談する

⬅

◆必要と判断した場合は、専用の検査（発達検査など）を受ける

⬅

◆子どもの現状について診断をもらう。例えば、次のように診断される

「発達障害の中の、ＡＤＨＤというパターンに当てはまります」

「発達障害のＡＤＨＤに近いところがあります」

「発達障害には当てはまりません」

⬅

◆何をすべきかが決まる。例えば、

・療育施設でトレーニングなどの支援やアドバイスを受ける

・特性をふまえて、家庭や学校などで、子どもに合うサポートを始める

発達検査って、どんな内容？

検査名	対象年齢	特徴	はかる内容
新版K式発達検査	0～12歳	発達の全体的なバランスをみる	姿勢運動、認知適応、言語・社会性
田中ビネー知能検査	2歳～成人	知的な能力を幅広く総合的にみる	言語性や非言語性（記憶、推理、計算など）
WISC-V（ウィスク・ファイブ）	5～16歳11か月	学習や認知の偏りを詳しくつかむ	全検査IQ、言語理解、視空間、流動性推理、ワーキングメモリー、処理速度
WAIS-IV	16～90歳	WISC-Vの成人用	WISC-Vと同様

［図2］主な発達検査

発達検査といって、子どもの脳が今どのように、どこまで育っているのかを調べる検査があります。地域の児童相談室といった支援施設や、小児科や児童精神科で受けることができます。

発達検査には主に、上の図2にあるような4つがあります。

こうした検査による得点の高さ・低さやばらつき具合から、脳の特徴やその程度を知る手がかりが得られます。発達障害のうちの目立つグループ（ADHDなど）に近いかどうかを知る手がかりにもなります。

なお、発達検査はそのときの子どもの状態で回答がなされるものです。子どものコンディション次第では数値が低く出ることもあり、精度は完璧ではありません。

検査の中には乳幼児期から受けられるものもあります。ただし脳の働きが安定し始めるのは5歳ぐらいからで、**知能を含めた検査は就学前の年度ぐらいに行うのが最適**といわれています。これは、小学校で子どもが、支援が必要なクラスに入るかどうするかといった教育計画を行うタイミングにもあたります。

どういう方法で発達障害は診断されるの?

医師であっても発達障害の診断は難しく、国際的にも「普通(大多数)」との線引きについては議論されながら診断基準が作られています。

また、診断にあたっては、このような調査が行われます。

- 本人や保護者からの聞き取り(これまでの育ち、普段の様子、家庭環境など)
- 本人の行動を、診察の場で観察すること
- 発達検査などの数値が、実際にどのように行動にあらわれているか

これらを元に、医師は子どもの状況をその場で見えることだけでなく全体像としてまとめ、
- その子の今の状態が、どの発達障害タイプに近いか
- 診断を出すことで、治療や社会的なサポートなど、子どもの生活を改善することにつながるか

を考えて診断書を作ります。そのため、診断に至るまでには長い時間をかけることがあります。

なお、特性は生まれつきのことで病気ではないという位置付けなのですが、**医師たちが患者の症状に対応していく仕組みとして、「○○症」といった名前をつけて分類していく必要がある**のです。

「発達障害」の診断はもらったほうがいい？

子どもの発達について気になることがあり、医療や支援機関などとつながった後、診断や検査の結果として「お子さんは発達障害です」という診断が告知されるケースが出てき

ます。ショックを受けたり、受け入れられなかったりする保護者も多くいることでしょう。なお、それに対する配慮もあり、**現在は診断結果が「発達障害」から「神経発達症」という名前に変更されています。**

ただしこの本では、これまで書籍などの情報元にて基本的に使われておりわかりやすい言葉であることから、「発達障害」という言い方を選んでいます。

実は、【定型発達】（遅れや偏りがない大多数の発達）と発達障害の間に、はっきりした境目はありません。**診断をもらうことは、子どもに起きていることを整理して、それをサポートしていく具体的な方法（療法や環境の整え方など）を導き出す手段になります。**

基本的に、保護者から働きかけをしないと、子どもにとって必要な福祉サービスは受けられませんし、社会は何も配慮をしてくれません。子どもの進学や就職など将来を考える上では、子どもがお世話になる先々で特性に合う対応をお願いできることが望ましくなります。

なお、症状が重度ではないように見受けられるために**診断名がつかないグレーゾーンの**

人たちであっても、「困り感」があるのなら同様にサポートは必要ですし、専門家に相談していく流れは同じです。これまでの発達相談の経緯や検査結果などを取りまとめておくことで、診断に近い説明が周囲にできるようになります。

文部科学省では、「発達の診断があってもなくても、学校の通常学級にいる特性を持つ子どもには、ふさわしい教育指導を行う必要がある」という方針を公開しています。

- 発達の特徴と、起きる行動
- （あれば）問題行動を軽くできるような環境の工夫

を学校に伝えると、どのようなサポートが必要なのかを理解してもらいやすくなり、学校と足並みをそろえて子どもを育てていくことにつながります。

これらを詳しく、また本人の姿とずれがないよう医療的な裏付けをもって説明をするには、専門家による診断が大きな手助けになります。

診断があると、子どもの預け先の関係者に「この子どもには特別な配慮をする必要があ

る」という事実が早く伝わります。診断は医療機関によって裏付けされた説明書きなので、**学校の体制によっては合理的配慮を行う手続きがスムーズになります。**

また、診断名（ＡＤＨＤなど）を元に、さらに**子どもの特性に合う相談先や「親の会」などが見つかりやすくなるメリットもあります。**

ただし近年、発達障害の診療現場は混雑しており、初診ですら数か月待ちという状況が続いているようです。

初診までの長い期間は、まずは子どもの特徴から今できることを考えたり、子どもの行動を観察して記録を続けてみたりすることを勧めます。第４章（p143〜）を参考にしてみてください。

特性はグラデーション（スペクトラム）であらわれる

脳では、約１０００億の神経細胞が複雑につながり合っています。このつながり合いが私たちの思考・感情・行動を作っており、誰かと全く同じということがなく、その人を作り上げています。

発達障害にしても、どのタイプをどの程度持っているかは人によって違いがあります。例えば、次のように。

- 診断ではADHDだけど、「不注意」だけが見られる
- ADHD・ASD・知的障害を併せ持っている
- 知的障害はないけれど、いくつかの特性が勉強の妨げになって学習に遅れが出ている
- 知能指数がとても高いけれど、ASDなどを併せ持っている

発達障害にはこのように**さまざまなパターンがあり、特性が「濃い・薄い」の差や、知能指数が高い人・平均程度の人・低い人もいます。**

このように、さまざまな度合いがグラデーションのように存在していることを「スペクトラム」といいます。「発達障害」とひとくくりに言っても、または「ADHD」と言っても、実に多様なタイプの人がいるのです。

発達障害には、主にこの4タイプがある

分類名	特徴
知的能力障害(ID)	知的な能力（言葉の理解など）に遅れが見られる
注意欠如多動症(ADHD)	不注意、多動性、衝動性が目立ち、日常生活や学業・仕事に支障をきたす
自閉スペクトラム症（ASD）	コミュニケーションの困難さのほか、興味の偏りや同じことを繰り返す行動が見られる
限局性学習症(SLD)	読み・書き・計算など、特定の学習分野に困難がある
運動症群	運動や動きにまつわる困難さや特徴がある
コミュニケーション症群	言葉や会話、表情などを使ったコミュニケーションの発達や使用に困難がある
その他の神経発達症	神経発達症（発達障害）に当てはまる可能性が高いが、ADHDなど特定の診断基準に完全には当てはまらないもの
チック症群	運動チック（まばたき等）、音声チック（咳払い等）がある。両方が一年以上継続するのがトゥレット症

［図3］DSM-5-TRでの発達障害の分類を参考に作成したもの

精神疾患を診断するための国際的なガイドラインとして、DSM（精神障害の診断と統計マニュアル）があります。

この中に発達障害についての診断基準があり、幅広い特性を持つ人たちを対象としているのです。日本でも、正確な診断や適切な支援を行うときの指針として活用されています。

DSMの最新版（DSM－5－TR）では、「発達障害」を上の

図3のように分類しています。
いずれも幼少期のうちからあらわれていることが、診断の条件とされています。
以下に、国内の診断でよく使われている主な4つの発達障害について説明します。

1 知的能力障害（ID）

広く【知的障害】と呼ばれてきた症状で、知能にまつわる発達に遅れが見られます。知能指数70未満が診断の目安。言葉の発達の遅さから、2～3歳の段階で比較的早くに気付かれます。

知能指数70～84については【境界知能】といって、身の回りのことや高度でない仕事ならこなすことができ、おとなしく受け身な子どもとして問題が目立ちにくい特徴があります。彼らが大きくなってから知的障害が見つかる事例があり、早期発見が課題となっています。

2 注意欠如多動症【ADHD】

（以前は「注意欠陥多動性障害」という診断名）

大きな3つの特徴として、集中が続きにくい「不注意」、落ち着いていられない「多動性」、すぐ行動したくなる「衝動性」があります。

集団生活など「やってはいけない」ルールを持つ場面が出てきたとき、行動や感情のコントロールが難しいために特徴があらわれやすくなります。

とはいえ、止まらない行動力を仕事に活かして会社を経営する人や、パフォーマンスで魅せる職業を選ぶ人もいるのです。

以下、ADHDの3つの大きな特徴それぞれを、さらに詳しく見ていきましょう。

①不注意

集中を続けられる時間が短く、注意を向ける方向が変わりやすい症状を指します。

- ボーッとしているように見える
- 忘れ物やなくしものが多い

・人の話や物事に途中で飽きる
・興味のあることにだけ極端に集中する（過集中）

②多動性

じっと落ち着いていられない症状を指します。行動にあらわれるほか、脳の中がせわしない症状もあります。

・授業中に何度も席を離れるなど、移動したがる
・その場にいるものの、落ち着かない
・いくつものことを同時に考えたり、同じ考えを頭の中で何度も繰り返したりして混乱している

③衝動性

よく考えずに行動に移し、待つことが苦手な症状を指します。行動力があるともいえますが、計画性を持たずにあわてて失敗したり、周りに気を配らなかったりする傾向もあります。

・先の見通しを持たず、今やりたいことを行動に移す

- 他の人の行動に割り込む
- すぐに物事を決断する

3 自閉スペクトラム症【ASD】

(以前は「自閉症スペクトラム障害」という診断名)

まず、「自閉症」にはこのような特徴があります。
- 人とのやりとり(コミュニケーション)が不得意
- 人よりモノに興味が強い
- 人の気持ちなどを想像する力が弱い

こういった特徴の出かたには重度から軽度、組み合わせの違いなどさまざまなグラデーション(スペクトラム)があり、まとめて「自閉スペクトラム症」と呼んでいます。

強い思考や緊張があったり、興味の持ち方に独特さがあったり、知能の遅れがなくても人とのやりとりがうまくいかなかったりすることがあります。

でも、自分が好きなことならいくらでも繰り返せて繊細な感性を持ち合わせることも多く、職人的な仕事で高評価を得ている人もいます。

次の①②の両方があることが、ＡＳＤと診断される条件になります。

①コミュニケーションが苦手

相手の気持ちや表情を読み取ることに困難さがあります。理解はできていても、それをあらわすことに困難さがある人もいます。また、遊び方や興味が大多数の子どもと違っていて、共感や協力が難しいことがあります。例えば、次のような特徴があります。

- 空気を読んで行動するのが難しい
- 表情や声のトーンから、人の気持ちを読み取ることが難しい
- 言葉の裏にあるメッセージ（皮肉やユーモアなど）が理解しづらく、言葉をそのままに解釈する

②強いこだわり行動

自分ならではのルールやルーティンに強いこだわりが見られます。次のうち、少なくとも2つのこだわり行動が見られると、ＡＳＤとして診断される対象となります。

・同じ行動や、同じ行動の繰り返しをしたがる（おもちゃを一列に並べ続けるなど）
・変化があるのがすごくイヤで、いつも同じ習慣だと安心する（道順、モノの置き場所など）
・決まったジャンルにとても強い興味を持ち、没頭する
・感覚に、過敏さまたは鈍感さがある

4 限局性学習症【SLD】

【LD】という呼び名もよく使われています。知能の遅れがないのに、苦手な学習方法があります。

文字や記号などをうまく扱えない分イメージする能力が高く、物事や情報の全体を感覚で理解したり、物語の創作力がある人もいます。芸術や体を使った表現で能力を発揮する人もいます。

SLDの主な特徴としては、次の3つ。

①【読字障害】

目で見ている文字をうまく処理できず、文字の読みとりに困難さがある症状を指します。

ＳＬＤの中で一番多い症状といわれ、【ディスレクシア】とも呼ばれます。
・似た形の文字を区別できず、読み間違える
・文章を読むとき、読んでいるところがわからなくなる
・文字一つずつなら読めるが、単語や文章としてつなげて理解していくことが難しい

②【書字障害】（書くことの難しさ）

聞いた言葉を文字に起こすことや、文字を書くまでが困難であったり、書いた文字の形が大きく乱れる症状を指します。
・似た形だけど違う文字を書き分けるのが苦手
・文字の大きさや漢字の部首の配置などを、バランスよく書くのが難しい
・左右が反転した文字（鏡文字）を書く

③【算数障害】（数を扱うことの難しさ）

数や量がどういうものかを理解しづらく、数字を使う作業に困難さがあらわれる症状を指します。

・数字と、実際のモノの数を結びつけるのが苦手
・数の大小や順番のルールを理解しづらい
・文章題のように、文字の情報から図形や数式を想像していくことや、その逆（グラフからわかることを読み解くなど）が苦手

さまざまな症状が併存することも

脳は場所ごとに違う能力を司っており、いろいろな場所とつながりながら行動を作りコントロールしています。そのため、脳のどこかに働きの偏りがあると、さまざまな行動に影響があらわれます。

先に挙げた主な4タイプの症状の他に、次のような症状も見られることがあります。

【発達性協調運動障害】

縄跳びやスキップなど、いくつかの動きを組み合わせた動作が苦手で、ぎくしゃくした動きが見られます。また、箸使いや靴紐を結ぶなど、手先の細かい作業（微細運動）に困

難が見られることがあります。

【常動運動障害】

飛び跳ねる・くるくる回るといった一つの単純な行動を繰り返します。

【吃音《きつおん》】

言葉をなめらかに話すことに困難が起こります。次のようなパターンが見られます。

・連発系（ぼ、ぼ、僕の）
・引き伸ばし系（ぼーーーくの）
・ブロック系（……っ、僕の）

【睡眠障害】

なかなか寝付けなかったり夜中に起きたり、睡眠のリズムが整わない症状です。

【場面緘黙《かんもく》】

特定の場面や場所で声が出ず、喋《しゃべ》らなくなる症状です。

【感覚統合障害】

感情とは関係なく、五感（聴覚・視覚など）での感じ方で、強い・弱いの差があらわれる症状です。刺激を強く受け取ってしまう過敏さを持つタイプ（HSP）や刺激の受け取りが鈍いタイプ、さらには強すぎる刺激を避けたいタイプや刺激を求めるタイプもいます。

感覚が過敏な場合の例

- 機械の音や大きな音を嫌がる（聴覚）
- 特定の食べ物を嫌がる（味覚・触覚）
- 匂いが気になって食欲が落ちる（嗅覚）

感覚が鈍い場合の例

- 怪我《けが》をしても痛みを感じにくい

・温度差や、何かを触った感覚がわかりにくい
・体の平衡感覚が弱くふらつきやすい
・自分の体の位置をつかみづらい

子どもの発達を悪化させるものとは？

特性は生まれつきのものですが、育っていく中でいくつかの要因が症状を悪化させることがわかってきています。

●**腸内環境の乱れ**：善玉菌が減って腸内環境が悪くなると、脳の働きにも影響し、精神状態を悪化させる可能性があります。
●**生活習慣の乱れ**：睡眠不足や甘いものの食べすぎにより、イライラが強くなったり不安定な行動が増えたりします。
●**強いストレス**：虐待（心身へダメージを与えることや、極端に関わりを持たないことなど）といった子どもが育つ環境の問題は、発達障害に近い症状を起こします。

特に強いストレスは厄介で、次のような状態を引き起こすことも。

- 身体や心の成長が遅れる
- トラウマ（深い心の傷）を持つと、脳がリラックスしない状態が続き、パニックや問題行動を起こしやすくなる
- 不安などのネガティブな感情を作るように脳が働く

ストレスがずっと続く状態にあると脳が萎縮《いしゅく》することも報告されており、体の中では以下のように作用します。

- 興奮系のホルモン（ノルアドレナリン）の量が増え、落ち着く系のホルモン（セロトニン）の量が減る
- ストレスホルモン（CRF）をおさえる仕組みがあるのに、これが弱くなったり効かなくなったりする
- 交感神経が刺激され続けて胃腸の動きが弱まり、腸内環境を悪化させる

発達障害のあるなしに限らず、虐待は子どもの心の在り方（脳の働き）に影響し、さまざまな問題を引き起こすのです。

発達障害は二次障害を引き起こすことも

子どもに強いストレスがかかると、生まれつきの特性とはまた別の症状が起きることがあります。これを【二次障害】といいます。二次障害には、次のようなさまざまな症状があります。

- **行動の問題**（引きこもり、暴力、自傷行為、対人恐怖、強い反抗的な態度など）
- **心の問題**（抑うつ、無気力、強い不安や緊張、強い被害者意識、強い落ち込みなど）

二次障害の引き金となる状況として、以下が挙げられます。

- 特性を理解せず、否定して強く叱ったり、からかったりする
- 特性を理解せず「努力が足りない」と考えて頑張らせる→改善しない→心身が疲労する
- 虐待、いじめ

・生活習慣の乱れ

特性のために叱られる機会が多い子どもは、二次障害を起こすリスクが高くなります。まずは、**子どもに精神的なダメージがかかり続けないように**（と言っても教えるべきことは教えつつ）育てていくことが予防になります。

保護者がどうしても子どもにきつく当たるのをやめられない場合には、ペアレント・トレーニング（保護者が子どもの行動に対してうまく接する知見を身につけることで、発達障害児の行動を改善するもの）を利用するなど、保護者側もサポートを受けることが望まれます。

そのためにも、専門家からアドバイスを受けられる窓口や支援機関とは早めにつながっておき、相談できる体制を作っておきましょう。

発達障害と〝誤診〟される主な4つの原因

生まれつきそうではなかったのに、**子どもが発達障害の症状に近い行動をするケースが**

あります。このような場合、子どもが発達障害として誤診されることがあり、以下のような理由が挙げられます。

1 判断の時期が早すぎる

子どもの年齢が低いうちは、早生まれと遅生まれの子どもの成長の差に大きな開きがあります。アメリカでは、早生まれの子どもがＡＤＨＤと診断されやすくなるというデータも出ているくらいです。

また、学習すればできることなのに、**学習が十分に積み重なっていないからできていないという状況**もあり得ます。例えば、早生まれで就学前の子どもに落ち着きがない行動が見られた場合、まだ周りより幼いために、じっと待つという行為を学習しきれていないだけの可能性があります。

2 子どもが心の問題を抱えている

「擬似ＡＤＨＤ」といって、今子どもに起きている症状はＡＤＨＤと近いのに、**生まれつきの問題ではなく心にずっと不安やストレスといった問題を抱えていたためだった**、というケースが出てきています。

中でも**【愛着障害】といって、安心できない環境で育ったことによる問題**が挙げられています。子どもの感情が十分に発達していなかったり学習できていなかったりするため、ＡＤＨＤに近い症状や、人との距離感が極端になることが報告されています。

そのような場合、**治療の仕方は発達障害への支援とは違う方法で行われます。また、専門家が治療を始めた後に回復していく力も出てきます。**

生まれつきから起きているのではなく、ある程度成長してから（12歳頃からとよくいわれていますが、子どもと環境によります）ＡＤＨＤに近い症状が始まって強くなってきているようなケースで、擬似ＡＤＨＤが疑われています。

子どもの特性について医師が診断するとき、これまでの生育環境や家族のことを詳しく聞いていくのは、このような「疑似発達障害」の可能性を見極めるためでもあります。

3 子どもの生活習慣が乱れている

食生活の乱れや腸の不具合、睡眠不足といった生活習慣は、子どもの脳にＡＤＨＤに近い症状を起こすリスクがあります。なお、特性のために睡眠障害が起きている子どももいるので、睡眠を確保するための治療を先に行い、行動などの症状が落ち着いていくかを観察することもあります。

4 病気が隠れている

主治医から、発達検査のほかに**脳波検査や血液検査を提案されることがあります。**これは、**脳腫瘍《のうしゅよう》、てんかん、甲状腺にまつわる病気、先天感染症などがあると、発達障害に近い症状があらわれることがわかっているため**です。

てんかんに近い脳波異常が見られたとき、抗てんかん薬を試すと発達障害の症状や問題行動が軽減することがあります。

発達障害ってそもそも治るの？

発達障害は生まれつきの脳の働きにまつわることであり、できることにどうしても限界がある子どももいます。

ただし**「困り感」が軽くなっていく道のり**として、以下が挙げられます。

- 成長とともに脳や身体が発達し、脳の働きにまつわる部分が改善して、できることが増える
- **その子どもに合うように暮らしや学習の仕方などを工夫していく**と、できないと思っていたことができる方法が見つかり、能力が伸びていく
- **できることや得意なことをたくさんやらせる**と、不器用なところも一緒に育っていき、できることが総合的に増えていく
- **【療育】（その子どもに必要なことを、医療に基づいた方法で教えていくこと）を専門施設などで行い**、子どもに合ったやり方で能力を伸ばす
- ＡＤＨＤの一部の症状については**薬で落ち着いてもらう**など、医師や専門家が関わることで本人の辛さをやわらげる手立てを行う

脳には「可塑性《かそせい》」といって、経験や学習を積むことで変化していく力があります。また、個人差はありますが、成長や経験に伴って子どもの脳はこれからも育ちます。経験していくことの中身も大切です。

結果として、今気になっている行動が将来軽くなったり、やらなくなったりしていく可

能性があるのです。

これまで、発達障害の症状が悪化する要因や二次障害、発達障害のように見える子どもの心の問題について触れてきました。これらから総合して、子どもの脳がすこやかに育っていくには、

- **子どもが強いストレスを受け続けないこと**
- **十分な睡眠や食事内容など、健康に配慮した生活を送ること**
- **子どもに合った教育をすること**

が欠かせないといえます。

さまざまな働きかけを行っても、生まれつきの特性が残ることもあります。どうしても難しい作業には、ストレスを抱えすぎる前に「方法を変えてみる」のもよい手段です。「できない」と諦めず「できる」に向けて挑戦することには、子ども自身が成長していくという意義も確かにあります。

つまり、本人や周囲がある程度のトライ&エラーやいろいろな経験を積んでいく中で、

それが強いストレスにならないようバランスをとることが大切だということです。

グレーゾーンってどういうこと？

特性にはさまざまな症状があり、症状の濃さ・薄さにも違いがあることは前に述べたとおりです。

症状が比較的軽く、どうにか日常生活や社会生活を送れてはいるものの、極端に忘れ物が多いなど「困り感」を持っている人たちがいます。

このような人たちが発達障害について医師の診察や検査を受けると、以下のようにはっきりしない結果が出ることがあります。

- ASDなどの特性タイプに近いけれど、その中にある細かい症例のうち、どれに当てはまるのか判断が難しい
- 特性タイプの特徴を持っているものの、そこまで強い「困り感」がない
- 特性タイプの特徴が出たり出なかったりなど、定型発達に近くて障害の判別がつきにくい

こういった領域にいる人たちのことを、発達障害の**【グレーゾーン】**といいます。**文部科学省の調査によると約10人に1人の子どもが発達障害であると推測**されていますが、グレーゾーンを含めると、より多くの子どもたちが特性の悩みを持っている可能性があります。

グレーゾーンの人たちは、例えば暮らしの中で「困り感」があるから診察や検査をしたのに、発達障害の基準に至らない結果となることがあります。**人によっては福祉サポートの仕組みを使えない場面がある**など、彼らならではの悩みがあるのです。

繰り返しになりますが、グレーゾーンにおいても、子どもの場合は脳の発達が進む時期で、関わり合い方などの工夫によって症状が変わっていく余地があります。

グレーゾーンの診断も「今の状態」であって、生涯の最終的な結果になるかはまだわかりません。

能力が高すぎる「ギフテッド」でも困りごとが……

脳の働きの偏りのために、平均値より高い知能指数を持っていたり、得意なことが飛び抜けていたりする子どもがいます。教育学・発達心理学などで、彼らは**【ギフテッド】**と呼ばれています。

ギフテッドは、ある分野の勉強や特技などが突出することで天才児として扱われることがあります。とても好きな分野の興味関心を持つ人とは高度な会話のやりとりができ、落ち着きや集中を見せていることもあります。

ですが、心や身体の発達度合いには違いがあり、彼らも特性による**「困り感」を併せ持っている場合がある**のです。ギフテッドには特性へのサポートと、**普通級の教育課程を超えたサポートも必要になる**ことが社会での課題となっています。

また、ギフテッドにも、**周囲からの理解を得られにくいなど、受けやすいストレスがあります。**

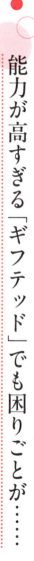

- 自分と同じペースで進んでくれる仲間が得づらい
- 完璧主義で理想が高く、自分を苦しめがちである
- できることが目立っている分、苦手分野に対して「どうしてそういうことができないの？」という批判につながることがある

また、授業の内容よりもレベルの高いことをこなしている場合、授業が退屈に感じられるために学習意欲を失い集中力を欠くことがあり、**ＡＤＨＤの特性があるように誤解されること**があります。

海外では、小学校でギフテッド選抜テストをして特殊な教育プログラムを行う国や、ギフテッドに必要な学習を与えていく仕組みを持った国があります。

日本では２０２３年度から、文部科学省がギフテッドへの支援事業を開始しました。その仕組みが広がることが待たれるところです。

障害は、社会の側にも協力してもらって減らすもの

障害者差別解消法（２０１６年）では、心身上の理由から、できないことがあり、そのことや「社会の中にある壁」のために、日常生活や社会生活で何かしらの制限がかかるという人の状態を「障害」と定めています。

この法律によって、「この人の障害は、この人そのものにある」とする考え方（個人モデル）だけでなく、「この人が普通に暮らせない環境や社会のほうに障害がある」（社会モデル）という考え方も併せ持って、社会の側でもサポートをしていく方針が明らかにされました。さまざまな障害を持った人が社会の中で不利を受けないように、社会全体が共同責任として仕組みを作っていくことが進んでいます。

社会モデルの考え方は、特に国連での障害者権利条約（２００６年）が強いあと押しになり、世界的に広がりました。２０１５年の国連サミットで採択されたＳＤＧｓ「17の目標」では「誰一人取り残さない」という宣言のもと、働きがいやまちづくりなどで、すべての人に対して配慮を行うことが挙げられています。

日本で発達障害が広く知られるようになったのは2000年以降のこと。特に2005年に発達障害者支援法が施行され、「発達障害の人は、支援を受ける権利があります」という旨が宣言されたことは、大きな契機になりました。

発達障害を持った人が何かをやりたいと思ったとき、発達障害ではない人たちと同等にその権利を守るという方針になりました。学校・会社・地域の施設などさまざまな場所で、障害を持った人が不利にならないよう【合理的配慮】というサポートを行うことが定められています。

環境によって、その人ができる内容は変わりますし、社会に参加できる度合いも変わってきます。

例えば、耳が聞こえない障害を持つ人は、病院で呼び出しのための番号を口頭で呼ばれても気がつくことができません。この人の場合、聞くことでしかキャッチできない情報の出し方がされていることが「社会の中にある壁」となります。電光掲示板などで番号を表示すれば、この人は呼び出しを知ることができます。

ただし発達障害は、この聞こえないという例よりも、**障害があることが他の人からはわかりにくく、サポートしてもらいにくい**状況が起こりやすい特徴があります。

その人がどういう特性を持っているのかを知り、その人に合ったやり方をオーダーメイドで考え、できるだけ周囲の人たちにも理解してもらい協力をお願いしながら暮らしていくことで「障害」は少なくなっていきます。

ネットですぐ調べることで陥る罠

子どものことで生活面での「困り感」があり発達障害の可能性を感じたら、**まずは専門家に相談する手続きを調べましょう。**

発達障害に限らず、まだ確定していない問題についてネットの単発的な情報を検索しすぎると、整理がつかず混乱を招きます。特性は子どもによってまちまちであるため、ネット検索で得られた情報や事例が、本当に自分の子どもの参考になるのかは判断が難しいと考えられます。

また、「子どもが発達障害だったら」という発想で情報を探すと、そのフィルターがかかった情報が出てくるので、「発達障害だ」という見方が強化されることにもなります。

専門家による診察が進んで子どもの特性がわかってきて、それに合った話題をネットで調べてみようというタイミングで、子どもに合った情報を選び取りやすくなるのです。

第 2 章

特性を持つ子どもへの考え方

診断名や特性を知る恐怖に、どう向き合うか？

この第2章では、特性を持った子どもへ普段はどのような考え方で接し、日々をともに送っていくのが望ましいかを解説します。

子どもの特性について気になることや「困り感」があったら、早めに専門家とつながって、子どもに合うサポートや発達の手助けを始めることが大切です。

でも、そう頭ではわかっていても、自分の子どもが「発達障害です」と診断が下されることを不安に感じる保護者も多いのではないでしょうか。

子どもに診断名（ADHDなど）がつくことで「発達障害」という烙印《らくいん》を押されるようなイメージから抵抗があったり、診断名がつくことで子どもの将来が変わったりすることで、可能性が狭められるのではないかと心配になるなど、さまざまな感情が生じることと思います。

以下に、保護者の心の問題のほかに不安に思いがちな点を挙げ、それぞれについて、当事者の事例などを元に解説します。

●「発達障害である」という事実を、子どもが背負うこと

子どもに伝えるタイミングは人それぞれで、伝えないまま育て上げる人もいます。本人の「困り感」や、自分の特性への理解が進んだところで伝えるという手もあります。

●「この子どもが発達障害である」と周囲が知ること

子どもの診断名は個人情報です。学校など子どもを預ける先では、診断名を言わなくても「このような特性がある」という伝え方でサポートをお願いできます。

●通学や就職において「発達障害であること」が悪影響を及ぼさないか

子どもは今後も心身や脳が成長します。将来のことは、そのときの状況になってみて初めてわかることです。その頃の子どもの状況をみて、どのような配慮を受けながら学校や職場に所属するのかを検討します。

職場で診断を上司に伝える必要が出てくる場合もありますが、診断に限らず、個人情報

を守ることは社会で機能する組織にとって重要なルール（コンプライアンス）です。

診察や診断は、育児の方針を決めるのが目的

子どもへの診察、検査、場合によっては診断名をつけてもらう、といった医療行為は、子どもの特性を「治す」ためにするのではありません。

その子どもが今現在どういう特性を持っているのかを正しく知り、それを活かすために行います。

診断名（ADHDなど）はあくまで大きなカテゴリー名で、人によって特性のあらわれ方には違いがあります。**診断名から「ADHDだからこう」といったように子どもの特徴を決めつけると、実際の子どもの姿からずれ、サポートの仕方が子どもに合わなくなってしまいます。**

例えばADHDと一口に言っても、「不注意」タイプはおっとりして見え、「多動」タイプは活動的であるという違いがありますし、人によって度合いも違います。

このように、特性にはさまざまなあらわれ方があるので、その子どもがどのような状況

なのかを理解するには、専門家による見立てが大きな手助けになります。

子どもの特性を理解することは、どのようなサポートが必要なのかや、生まれつきどうしても難しいことがあるのかを判断する素材となり、**育ての方針づくりをする手がかりになります。**

子どもに関わるすべての人が望ましい対応をしていけるよう、診察などでわかったことは、**子どもの預け先や家族と共有していきましょう。**

専門家や経験者たちに頼るメリットはこんなに多い！

あらゆる子育ては、育てる喜びと悩みを一緒に抱えながら歩んでいくことが多いものです。

特性を持つ子どもを育てていると、普通の子どもでは考えられない出来事に驚くこともあるかもしれませんし、周囲の子どもたちとは違う特性についてどうしたらいいのか、自分たちの接し方で正しいのか、不安や孤独にかられる場面も出てくるかもしれません。

特性を持つ子どもの成長を支える柱は複数あります。**一つ目の柱は、子どもと最も近しい存在である保護者**です。

子どもにＡＤＨＤの特性があったとして、多動性といった特徴がどの程度あるのか、本人の辛さや「困り感」はどのようなときに生じるのか、薬を使うことでラクになる症状があるのかなど、専門家とともにきめ細かい見立てをしていきます。サポートの仕方を考えるときには、保護者による普段からの観察は欠かせません。

保護者の観察も材料にして、分析や評価（まとめ）を作り、子どもの特性を明らかにしていくのが、**医師や療法士といった発達の専門家です。彼らが２つ目の柱**となって、子どもと保護者を支えます。

専門家とつながって相談しながら行う子育てには、次のようなメリットがあります。

●子育ての指針ができる

専門家から、子どものとらえ方や困りごとへの対処方法を医療に基づいて客観的に教えてもらえるため、「子どもの努力不足やわがままではないんだ」と家族が納得することにつながります。特性を元に子どもに合う関わり方がわかると、家族のストレスも減ります。

●周囲の理解が進む

子どもの預け先などに説明しやすくなり、周囲の理解と協力を得る一歩となります。保護者の孤立感や不安感やわらげ、一人で問題を抱え込まない助けになります。また、子どもが安心して過ごせる環境を増やすことにつながります。

●利用できる制度の活用につながる

特性によっては、自治体などが提供するさまざまな支援制度や福祉サービスを利用できるようになります。相談先で地域の支援団体を紹介してもらえたり、サポートの選択肢が広がりやすくなったりします。

●二次障害の予防になる

早めに特性をつかむことによって、子どもの「頑張っているのにできない」の繰り返しから来る精神的なダメージをおさえ、二次障害を予防することにつながります。

●進路選択のサポートになる

子どもに合う配慮を進学や就職の手前から相談したり、準備しやすくなったりします。専門家から学校や就職先へ働きかけてもらえるケースもあり、子どもを支援してもらう体制が整いやすくなります。

●社会に参加するための支援につながる

子どもの成人期に向けて、社会人として必要なスキルや知識を身につけるための地域サポート拠点などを見つけやすくなります。

日常的に子どもと接し支援を続けていくのは保護者です。専門家のアドバイスを参考にしながらも、自分自身で考え、決断していかなければならない機会も出てくることでしょう。

ですが、特性を持つ子どもを育てるにあたっては、**さまざまな相談先や支援施設、「親の会」といった同じ立場のコミュニティなどがあります。彼らサポーターが、3つ目の柱**です。

専門家やサポーターたちとの対話や連携を増やしていくと、頼れる人たちが増えるので保護者の負担が分散される効果があります。

最近はオンラインで、情報を簡単に手に入れられる時代です。しかし、専門家やサポーター、経験者と関わることで、具体的な事例が保護者の中に蓄積され、それが子育ての判断力を高める助けになります。

特性を持った子どもを育てることは、保護者のほうも学びを得て成長していくことにつながっています。

問題ある言動はパターン化しており、対策が立てられる

特性を持つ子どもは、静かにしたほうがいい場所で騒いだり落ち着けなかったりなど、行動をおさえられないことがあります。そんなとき、「親のしつけが悪い」という見方をされがちです。

しつけとは、子どもに手本を示したり声かけをしていったりして、社会のルールや望ま

しい行動を教えていくことです。でも、「しつけが悪い」発言には、特性を知らない人ならではの思い込みがあり、実際の状況を並べると次のようになります。

- 思い込み：すべての子どもは、親のしつけ（指導している内容）を十分に理解できる
- 実際は：集中が続かないために理解が遅くなる子どもや、言われたことがたくさんあると処理しきれず頭から抜けてしまう子どももがいる
- 思い込み：すべての子どもは、頭で理解したことをいつも行動に移すことができる
- 実際は：環境によっては、刺激に気を取られたり気持ちが不安定になったりして、衝動的な行動をしてしまう子どももがいる
- 思い込み：すべての子どもは、一度注意をしたら次からは改善する
- 実際は：記憶の能力によっては、辛抱強く繰り返し同じ指導をして、ようやく少しずつ理解が進む子どもがいる

特性を持つ子どもの行動の意味合いと、脳の仕組みの話がつながっていると、しょうがないこともあるんだなとわかります。生まれつきの脳の状態や、そのときの環境や脳の状況においては、どうしてもできないことや不得意なこともあるのです。

「こういう行動の流れになると、かんしゃくを起こす」
「今このひとときは、子どもにこちらの指示が通らない」
「問題行動に介入できない（介入したらもっと悪化することがわかっている）」

このように、子どもの生まれ持った気質に親が合わせて寄り添うしかない場面というのも起こり得ます。

ですが、これらは**ある程度パターンとして知られるようになり、保護者の感情も含めた対処の仕方や、事前にやっておくと効果的なことなどの情報が積み上がりつつあります。**

専門家や施設とつながって学ぶことで、多くの子どもたちの事例に基づき、そのときどきの状況について理解する手がかりを得たり、どうしたらいいかを考えたりすることができます。

その子なりのやり方でもいいんです

これまでの教育課程は「同世代の子どもたちと一緒に、同じことができるようになっていく」を目指すのが基本であり、ほとんどの人がそのことを疑わずに子どもを教育施設に任せてきました。

ですが同じ教室にいても、子どもたちそれぞれの理解度、頭に入りやすい方法、勉強の定着度やスピードなどには個人差があります。さまざまな特性を持つ子どもがいるとわかってきており、**教育方針は子どもに応じて調整が必要であることが明らかになりつつあります。**

勉強のこと以外についても個人差があります。例えば聴覚の過敏さが強い子どもは、人がたくさんいて喋っている騒がしい状況に耐えられないことがあります。このような子どもに、常に「クラスの子全員と仲よく遊びましょう！」を強いるのはストレスになるのです。

もちろん、集団活動だからこそ経験できることがあります。できなかったことができたという経験を得られたなら、また子どもがそれによって達成感や喜びを感じてくれたらという願いを込めて、私たち保護者は、つい子どもに学校での活動は「全部頑張れ！」と励ますことが多くなりがちです。

子どもは万能ではありません。大人にだって、できないことや苦手なことはあります。**特性を持つ子どもは特に、「どうしてもできないことがある」を保護者が受け入れてくれることを待っています。**

ハードル低めでいい。ちょうどいいハードルはどう作る？

子どもが赤ちゃん期を終えてさまざまな行動を始めた頃や、園などの集団に入って多数の子どもたちとの比較が始まることで、「こだわりが強すぎる」「落ち着きがなさすぎる」「他の子たちと同じことができない」など、子どもの発達について気になってくるものです。

保護者世代の多くが、「やればできる！」と励まされ頑張ることを経験してきたのではないでしょうか。「練習すれば必ずできるようになる」は、それはそれで希望になったことがあったかもしれません。

ですが、特性が子どもに見えてきたら、どうしてもうまくできないことについて、**何をもって「できた！」とするか**は以下のように幅を広げてかまいません。

- **ある程度までは頑張ってみて、おしまいにする**
- **大変そうなことは保護者がサポートし、最後のひと作業だけ自分でやらせる**
- **「ここまで、できたね」と大目に見る**
- **子どもができるやり方を選ぶ**

子どもは全員同じ早さで育つわけではなく、同じものに興味を持って育つわけでもありません。周りの子ができる・やっているという理由だけで、その子の特性に合わないことまで強いるのは、やめてかまいません。

クラス全員で行う大縄跳びのように、「大多数の子どもにはできることだけど、その子にとっては困難があることがわかった。でも達成感を得られると思うので、参加はさせたい」というケースもあることでしょう。

新しいことや新しいレベルへのチャレンジは決して悪いことではなく、子どもにとっては好ましい刺激にもなります。

きっかけ作りは大人が担うところが大きかったりしますが、大人の考えで「やらせる・強いる」のではなく、子どもが興味を持って自分から「やりたい！」と思えるものが見つかったほうが、意欲が上がることでしょう。

もし子どもが「やりたい！」と思って取り組んだことが、結果としてできるようにならなかったとしても、子どもがチャレンジする気持ちを持ったことが一つの成長です。やろうと思った気持ちや、頑張った事実を褒《ほ》めましょう。

大きく2つのメリットがある「スモールステップ」

大きな目標を達成するために、それをいくつかの小さな目標に分解し、一つずつクリアしていくやり方をスモールステップといいます。

例えば、新しい場所へ行くことに不安の強い特性を持つ子どもに対して、「学校の見学会に行く」という大きな目標を達成させなければならないとき、何度も同じように出かけようとしては失敗することを繰り返すと、「だめだった」という否定の気持ちが強化されてしまう恐れがあります。

そこで、**スモールステップの考え方で、目標を小さくします。「今日は、ここまではできた」を増やすと、小さな成功体験を少しずつ積むことができ、子どもの自信につながっていきます。**

例：「学校の見学会に行く」を小さな目標に分解すると

1.「見学予定の学校に行く」という予定を覚えてイメージする
2.学校に行くための交通機関を調べる
3.学校までの道順を確認する
4.学校の最寄りスポットまで、調べた交通機関で行ってみる
5.最寄りスポットから学校までの道のりを楽しんで、学校の門を見て、帰る

これはあくまでも一例ですが、少しずつ、目的の学校に近づけているのがわかるでしょうか？

子どものペースを尊重して小さなステップを一つずつ試していくことで、どのような作業なら進められるのかを知るきっかけになります。

また、目標を小さくすることで、**子どもがどのステップでつまずきやすいのかに気付き、どうサポートしたらいいかを考えるヒントになります。**

行動への不安を少しずつ軽くしていき、最終的に「こういったステップを踏むと新しい場所に行くことができるんだ！」と子どもが理解して安心できると、他の場所へ行くときにも同じやり方が使えるようになります。

スモールステップは、ＡＳＤタイプの強いこだわり行動をやわらげるときにも使えます。

教わってきた育て方と違っても大丈夫

子どもは基本的に、保護者の常識や教育方針で育てられます。保護者もまた、自分の親のそういった考え方に影響を受け、引きずられがちです。

特に最初の子どもに対しては「こうあるべき」という考えが強かったり、「このぐらいはできてほしい」といった期待を持ちやすいものです。

ですが、**特性を持った子どもを育てる保護者は、「普通の子どもはこうあるべき」を手放して、オーダーメイドのやり方を考えるという方向へ切り替えてもいい**のです。

「思っていたのと違う」がいろいろと出てくるのが、特性を持った子どもたちで起きがちです。大多数の人たちに向けて発信されてきた「普通の子育て」とそぐわない部分が出てくるのは、当然のことかもしれません。

特性というものの存在を知り、専門家や育ての経験者と交わることで、保護者だけの発想に偏らないよう、オーダーメイドのやり方を探りながら子どもを導いていくのが基本の道筋になります。

特性は子どもによってさまざまなバリエーションがあり、どうしても困難なことについては、大人が手助けをせざるを得ない状況が増えたりもします。他の子どもたちよりも多く付き添うことが必要になったり、準備に手間をかけることも出てくるかもしれません。

そのために過保護に見られることがあるかもしれませんが、それは他の大多数の子どもと比べるから、あるいは子どもの特性を理解しきれていないから生じている見方です。

うまくいくやり方には一人ひとり違いがあるもので、特性があるとそれが顕著にあらわれやすかったりします。

将来的に子どもの自立を考えると、少しずつ子どもが自分でできることが増えていくことが望ましいですが、大人が急かしてもすぐにできるようになるわけではありません。**「今、子どもがストレスを増やしすぎないために、必要だ」と判断したやり方を選んでもいい**状況だってあります。子どもと向き合っている自分や家族を、たくさん褒めましょう。

マナーと特性、どう折り合いをつける？

社会で生きていく上で例えば、マナーを守ることは大切なルールの一つです。保護者や子どもの預け先では、どのような子どもに対しても「お店の中では騒がないでおこうね」といった基本的なマナーの説明をしていると思います。また、一度きりではなく、繰り返し伝えることも既にやっていることでしょう。

ですが子どもに感覚の過敏さという特性があると、大多数の人がやり過ごしていて何とも思っていないような刺激を強く受け取ります。

そのような環境や、子どもにとって不慣れな状況は、頭ではマナーを理解していても落ち着くことができなかったり、マナーに反した行動となってあらわれたりすることがあります。

特性に合わない環境（刺激）の例としては、次のものが挙げられます。

・スーパーマーケット：人が多かったりさまざまな商品が並べられていたり、普段の暮らしよりも視覚的な刺激が強く、落ち着きをなくすことがあります。

・レストラン：普段とは違う雰囲気や周囲の人の視線で緊張したり、慣れない場所の匂いに耐えられなかったりといった過敏さがあると、行動が不安定になることがあります。

基本的なしつけ（マナーの説明など）をすることや、目立つ特性をカバーできるようにアイテムを使うといった努力があったとしても、社会環境のほうに「その子に合わないもの」が含まれていたら、高い「マナー守れる度」を目指すことには無理があります。

先にマナーの型に子どもを押し付けるのではなく、まずは子ども自身のストレスを減らす工夫やその場所で楽しく過ごせる工夫をして、結果として穏やかに行動ができた（＝マナーにも沿っていた）、という道筋が望ましいと考えられます。

変化を急がず、長い目で見守る

特性を持つ子どもの状況には、脳の発達の仕組みが関係しています。子どもの脳には、発達の伸びしろがあります。また、大人の脳になっていく過程でさまざまな刺激を受けて変わっていきます。

子どもがいきなり変わる、ということはなかなかないかもしれませんが、何が起きるかわからないのも子育てならではのこと。日々の**居心地よく楽しみに没頭する時間や、家族など近しい人とのやりとりからも、その子どもなりに積み重ねていくことがあります。**

ふとした思いがけないこと、例えば美味しそうに食べている映画を観たことがきっかけで「○○が食べられない」が「食べてみたい」に変わるなど、問題が一つ解決されることもあります。

特性を持ちながら社会に出て頑張っている子どもには、日々、気持ちの揺らぎや体調の波が出てくるものです。調子が落ちる日もあれば元気な日もありますが、すべての子どもは、その子なりのペースで育っていきます。

特性にはチックや吃音など、一般的な人からすると不可解であったり、見ていてイライラしたりなどネガティブな感情の元になるような行動もあります。子どもと長い時間付き合っている家族からすると、気になってしまって「やめてほしい」「落ち着いて」といった声掛けをしたくなることもあるかもしれません。

ですが、このような特性は**本人の意思とは関係なく起きているので、声掛けをしても止まる効果は期待できません。**特性について相談先とつながり、理解しているとそうとらえることはできるのですが、焦る気持ちを手放して、まずは**少しずつ周囲の人たちが意識しすぎないように心がけていくのが最初の関門**であり、最初の一歩ともいえます。

人の成長は、ゲームでレベルが一つ上がったときのように「いきなり何かができるようになった！　よくなった!!」という階段状ではなく、**ゆるやかな上り坂のようなかたちをしています。**

もし、ある日突然よくなったように見える出来事があったとしても、それは水面下で少しずつ育っていったことが積み重なって起きています。子どもが療育などの支援プログラムを受けるとき、あるいは家庭で子どもを望ましい方向へ導くべくやりとりを続けているとき、コミュニケーションを通して「人と関係を作ること」の土台を少しずつ作っているともいえます。

子ども自身や家族の姿勢として日々積み重ねたことが、あるタイミングで目立つ形で花開くような瞬間もあります。長い目で子どもの成長を信じ、日々の見守りを続けましょう。

世界を違う感覚で味わっていることがある

特性を持つ子どもには、周囲の世界や自分自身の体の感じ方が、定型発達の子どもと異なるケースがあります。これは、脳の情報処理の仕方や感覚の受け取り方に違いがあるからです。

例えば、自分の体の存在感覚（身体感覚）に違いが出る場合があります。定型発達の子どもは、無意識のうちに自分の体の位置や動きを認識して、自然と身体をコントロールしています。しかし特性を持つ子どもの中には、自分の体をはっきり感じるのが難しい子もいるのです。

このような子どもは、体を「自分のもの」として認識する感覚があいまいで、自分の手や足がどこにあるのかを意識しにくいなど、独特な感覚で暮らしていることがあります。「体が透明になっている」ような体感を持ったり、「自分の体が遠く感じる」といった違和感を抱くことがあるのです。

また、**感覚の過敏さという特性を持っている場合には、防衛反応として、外部の世界がぼんやりとして現実感を失うような症状もあります。**

こうした感覚の違いが、日常生活にも影響を及ぼすことがあるのです。例えば、運動会のような大勢の人が動き回る場所では、視覚や聴覚の情報が一度に大量に入ってくるため、混乱して「自分がどこにいるのかわからない」と感じることがあるかもしれません。また、座って勉強する場面では、イスに座っている自分の体の感覚が薄れることで、長時間集中するのが難しくなることがあります。

このような感覚の違いは、**本人が困難を感じる場面もあれば、逆に独自のとらえ方や感性としてあらわれる場合もあります。**例として、自分の体の感覚があいまいな子どもは、視覚や聴覚といった他の感覚が鋭敏になることがあり、音楽やアートの分野で才能を発揮することもあります。

大切なのは、子どもが持つ特性を否定せず、その子ならではの世界を認めることです。子どもの目に映る世界が保護者のそれとは異なるとしても、その違いを豊かさとして抱きしめ、互いの風景を静かに重ねながら歩むことが、子どもが安心して自分らしく過ごせる環境を作ります。

感覚や認知の違いを尊重しながら関わることで、子どもの自己肯定感が育ち、親子の関係もより良いものになっていくことでしょう。

特性にはメリットもデメリットもある

特性を持つ当事者たちは、「困り感」がある自分たちの状況について**「これを才能や個性という言い方でポジティブに片付けないでほしい」と発言しています。**

保護者としては、子どもが自分自身のことをいつも前向きに受け止めて生きていってほしい気持ちがあるかと思いますが、そこは当事者の日常的な感覚とは少し距離があることなのかもしれません。

「過集中」という特性ひとつをとってみても、これにはメリット（得すること）もデメリット（損すること）もあります。メリットは物事を集中して突き詰める力、デメリットは周囲からの声かけが届きにくくなったり、時間の感覚が抜けてしまったりといったことが挙げられます。

過集中の特性を持つ人が得意なことに没頭できる環境が与えられた場合、**メリットがデメリットを上回ることでそれはようやく「才能」と呼ばれ**、過集中を持たない人たちを超えるものとなることでしょう。

世界的なＩＴ企業の幹部会議において、全員に独特なクセ行動が見られたというレポートがあります。アイデアをすぐ試す衝動性、さまざまなジャンルに興味を持つ多動性、といった「普通とはちょっと違った激しさ」が、企業を伸ばす突破口になることも考えられます。

また、特性を持つ子どもが大人には理解できない行動をしているとき、その行動が子どもにとっては意味を持っているというケースもあります。

幼い頃に不可解な糸かけ遊びをしていた子どもが、のちに物理学や数学において高い専門性を発揮し、当時の遊びが実はその子どもが平行線の仕組みを検証するものであった、という実話があります。

保護者は、子どもよりも長い人生経験を持ち、さまざまな成長物語を知る人です。道半ばにおり迷いや悩みがある子どもの気持ちに寄り添いつつ、**保護者が子どもの特性に対して前向きな見方も持っておけたら、将来を不安視しすぎずおだやかに日々を送る手助けになる**のではないでしょうか。

性格の問題ではない。教えることでサポートできる!

特性を持つ子どもの問題行動にはさまざまなものがあります。彼らが問題行動を起こしているとき、育て方や性格が悪いとか、その子どもが心を閉ざしているといった偏見を持たれやすいのですが、これは性格の問題として語ることではありません。

問題行動は脳の働きと関係しており、**子ども自身が生まれつきの特性のために困っているサインを出している状況であったりします。**

例えば、強いかんしゃくの裏には、言葉で自分の気持ちをあらわすことに困難さがあるため、行動で気を引くしかない辛さがあらわれていることがあります。

また、ＡＳＤタイプには、気づかいのある言い方をするのが難しいため、人に対して失礼な言い方をしてしまうことがあります。その理由として、

- 言葉にならない情報（相手の表情・周りの反応など）をまとめる脳の働きに支障がある
- 人の気持ちなどをイメージする能力に困難さがある
- 人の気持ちを自分なりに理解はしているけれど、それに沿った言い方を自然に身につけることができない

という点が考えられています。

生まれつきの原因があるとはいえ、コミュニケーションに問題があることを「**特性なので仕方ない」と手を打たないでいると、他人への配慮を学べないまま育つことになります。**

気持ちをかんしゃくで表現する子どもには、**気持ちを代弁することからサポートを始めたり、落ち着ける環境づくりをしたりなど、子どもに応じて支援をしていくことが大切**です。

また、本人が理解しきれていなくても、**人に対して失礼にならない行動や言い方を型として教えたり、トレーニングしたりはできます。**人とのやりとりについて学習させることは、子どもが社会生活で立ち振る舞う手助けとなり、自立への道を開きます。

周りと同様にできるようにと、押し付けていませんか？

特性を持った子どもが集団生活の場に入るようになると、（周囲の理解が足りないときには特に）生まれつき不得意な部分を、周りができているレベルに合わせないといけない場面が増えます。早いうちから努力を強いられる状況が出てくることもあるのです。

子どもに対して「この作業が、なんでできないの！」というイライラや不安があるとき、頑張っているけどどうしても困難さが出ている状況なのかを、まず観察します。

できないことについては、練習の仕方を工夫するとできるようになるか、あるいは他の方法で「できる」に変えればいいのかを考えます。

拡大した資料を
用意する
文字の読み上げサービスを
用意する

［図4］細かい文字だと歪んで見える子どもへの対策

上の図4は、細かい文字だと歪んで見える子どもを手助けする手段の例です。

よく考えたら、その作業をすぐにできる必要はないかもしれません。「できない」と思っていることでも、できる部分を見つけて少しずつ練習したら、ゆっくり上達していくこともあるかもしれないのです。

どうしても自力では難しく、また学校では補助の人手が足りないといった事情があるために、今は**補助ツールを使う方法で乗り越えられればそれでいいという場面もあります。**

子どもの「できないこと」について、保護者が不安になり、ときに子どもへ攻撃的になるのはなぜでしょうか。子どもがその「できないこと」のために、社会から取り残されていくのではと不安で焦っているからでしょうか。とはいっても……、そんなネガティブな想像は、本当に実現することでしょうか？

保護者自身の不安感から**「周りの子どもができるのだから、あなたもできるようになりなさい」を押し付けすぎていないか、ときに振り返ってみることを勧めます。**それを手放すことで、気持ちがラクになることもあるからです。

子どもの「できないこと」を観察し、子ども本人がどうしたいかを、子どもや家族、サポートしてくれる人たちと一緒に考えてみてください。困ったときには専門家やさまざまな相談先も巻き込んで、考えてもらいましょう。

好きなことは見守り、手を出しすぎない

発達障害の子どもには、生まれつき不得意なことがあります。ですが「生まれつきだから仕方ない」と諦めるというより、近年の脳にまつわる研究の結果として、「早いうちなら、できないことがまだ固まっていないので、**まだ伸ばしきれていない行動のトレーニングを始めましょう」という考え方が主流**になっています。

例えば、自分の気持ちを言葉で説明することが難しい子どもは、保護者からの声かけに反抗して問題行動につながることがあります。しかし、脳の成長やトレーニングによって言語の能力が上がってくると、「今はこういう気持ちだから、こうしたいんだ！」といった自己表現ができるようになります。すると問題行動をする必要がなくなり、減っていくのです。

気持ちを周囲に伝えることができるという能力を持つには、**「周囲へ気持ちを伝えても大丈夫なんだ」という信頼感の積み上げも必要**です。

その子どもに望ましいトレーニングについては、療育施設に相談して療法などのプログラムが組み立てられているならば、その内容が手がかりになります。いろいろな体の使い方をして脳を育てることが大切なので、「遊びは子どもの発達に大きく貢献する」（p149〜）も参考にしてください。

ところで人間には、人から与えられる学習と、自ら進んで行う学習の2つがあります。トレーニングは前者ですが、子ども本人が興味のあることに意欲をもって取り組むことも大切です。

発達障害を持つ子どもの育て方について、**「好きなことを伸ばそう」**という言葉がよく出てきます。このような子どもであるからこそ強烈に好きなことを追求する力があり、そこに**本人が大きく成長する鍵がある**からです。

大人は特性を持つ子どもへサポートを行っていく立場でありますが、**手を出しすぎずに本人ができることや探求心を奪わないよう心がけましょう。**子どもをコントロールするのではなく、自分の考えや判断を重ねていく自立した人間に育てていくことにつながります。

子どもに発達障害の診断結果を伝える？

子どもへのサポートや療育施設への通所などを長く続けている家庭の本棚には、発達障害にまつわる本があったりするものです。こうした背景から、子ども自身が「自分は発達障害なんじゃないか？」と感じ取っている場合があります。

本人へ、発達障害の診断を必ず告知しなければならないものでもありません。とはいえ、**「自分は周囲と違うようだが、どうしてなんだろう？」と子ども自身が悩むようであったら、自分を理解する手立てとして告知をすることを検討します。**

告知の際には、こういった条件がそろっていることが望ましいです。

- **子どもの気持ちが安定している**
- **子ども本人による気付きがある**
- **子どもが保護者との対話に信頼感を持てていて、協力的である**
- **さまざまな相談先とともに支援を続けてきた、という体制を崩さない**

それと、子どもと向き合ってくれている専門家がいるならば、ぜひ意見を聞いてみましょう。

子どもの問題行動が起きていてもめているときに、「発達障害だからしょうがない」と言いくるめたり、何かを諦めさせたりするために告知をすることは勧められません。ただでさえできていないことがあって、自分を認める力が落ちているときに、新しい心の傷を負ったり、問題行動を増やしたりするリスクがあるからです。

そのような場合には、告知の前に、暮らしの中の課題を見つめ直して変えていったり、他にできる支援がないか相談していったりすることを推奨します。

発達障害の診断を子ども自身が受け入れることができたときには、次のようなメリットが挙げられます。

- **自分責めが軽減され、自分を受け入れられることで安心感が得られる**
- **特性について、「だからこそ、ここが優れている」などの話ができるようになる**
- **保護者と子どもで足並みをそろえて、これからのことを考えられる**
- **特性のワード（ADHDなど）を子どもが知ることで、仲間との出会いにつながる**

なお、子ども自身が診断名を知ることと、周りに診断名を知らせること（開示）は違います。診断名は子どもの個人情報であり、**支援の相談に関係している人や信頼できる人だけが知ればよいもの**です。

特性を持つ人への対応は、多くの人の困りごとを解決

発達障害に限らず、生まれつきできないことを持った人のサポートを進めることで、社会は「当たり前」について考え直してアイデアを出し、「できる」を増やす技術を作っていきます。

例えば、ｉＰｈｏｎｅの設定項目「アクセシビリティ」には、視線の向きで操作ができる機能や音楽のリズムが手に伝わる機能など、新しい技術が集まっています。技術や環境が進化すると、元々「こういうふうになってほしい」と希望を出していたタイプの人たちだけでなく、社会での不便さを抱えることになったその他の人たちも含めて、さまざまな人が社会に参加しやすくなります。

仮に、学校に車イスの人向けのエレベーターが作られたとします。これは、入学後に骨折をして松葉杖をつくようになった子どもにも役立つことでしょう。

発達の特性を持つ人は、外見からはわかりづらい暮らしの困難さ――例えば、新しく

入ってきた予定が頭から抜けてしまう、文字が読みづらい、耳で聞くより画像で見せてもらったほうが頭に入りやすい、などがあります。

「そんなこと、自分にはない！」と今は思っていても、老後にはほとんどの人が体験することかもしれません。

また、特性がないと思っている人であっても、急に重大な予定が入ったときには、見通しが立たなくなって不安やパニックに襲われることもあるでしょう。

そういうときは、**特性を持った子どもたちが使うものと同じようなツールが役立ちます。**

この例でいうならば、ホワイトボードにわかりやすくスケジュールを書き直すと、落ち着いて見通しを確認できるようになることでしょう。

特性を持つ人の困難さは脳の働きにまつわることなので、すべての人の人生と関係があります。

また、特性のために不便さを抱えている人たちをサポートする手立ては、よく見ると一つひとつ特別なことではなく、**多くの人に「わかりやすさ」「実行しやすさ」を提供する技術でできている**のです。

第 3 章

助けてくれる場所、助けてくれる人たち

「発達支援」と「療育」って何？

第3章では、子どもが小学校に上がる前から小中学校期において、特性を持つ子どもへサポートを行ってくれる施設、ならびにその内容を解説します。

子どもの特性によって生じる「困り感」を軽くするために、子どもの発達段階や特性に合わせて周りの大人や社会が行うさまざまなサポートのことを【発達支援】や【療育】と呼んでいます。発達支援には次のようなことが挙げられます。

- 子どものいる環境を、特性に合わせて整えること（環境調整）
- 人とのやりとりを教えること（コミュニケーション支援）
- 学習のやり方を工夫すること（学習支援）
- 子どもの問題行動を軽くする指導をし、望ましい行動を伸ばすこと（行動支援）
- 不安やストレスを軽くするために、カウンセリングなどの専門的な手立てを行うこと
- 医療・教育・福祉の機関などが、子どもに合ったサポートを行うこと

かつて療育とは、体に障害のある子どもの治療と学びを助けるための言葉でした。
今では、**医師の診察を元にして、支援施設などで18歳までの子どものために組み立てたトレーニングや療法を行うことを「療育」**と呼んでいることが多いです。

発達が気になる子どもへ何ができるのか

子どもの発達に問題が起きているとき、それが生まれつきの脳の特性であるのなら、そういうものだと諦めるしかないのでしょうか？

子どもの脳は、特に7～8歳ぐらいまでは大きく成長することがわかっています。その時期を越えても、さまざまな刺激を受け続けることで脳は変化していきます。

生まれつきどうしても難しい領域もありますが、子どもの特性をよく観察した上で、生活上での経験やトレーニングなどで刺激を与えていくと、できることが増えていく可能性があります。

「特性を持つ子どもを支援する基本的な流れ」（p28〜）に概要は書いていますが、専門家へ相談し、特性を保護者が知ることで子どもの預け先と連携していく流れについて、もう少し詳しく説明します。

まず、発達支援施設や医療機関とつながり、子どもの特性について診察を受け、必要に応じて検査を依頼します。これによって、子どもにあらわれている特性について医学的な説明をしてもらうのです。子どもがどのような状態なのかを知り、説明できる資料を得ることになります。

そこから、療育施設などで子どもの能力を伸ばす専門家とつながります。療育施設では子どもの特性に合わせた療法やトレーニングなどを行い、子どもの様子を元にアドバイスを得ることが可能です。子どもの行動の理由について深く理解する資料になり、普段の暮らしの中で子どもをどう受け入れたり、上手に付き合ったりしていくのかを知る手助けになります。

このような流れをもって、専門家から特性について詳しい説明をもらっておくと、長い目で見て、**学校生活や就職先などで【合理的配慮】といったふさわしい対応をしてもらうときに、信頼できる資料となります。**

また、こういった相談を通して、特性を持った子どもたちが通う施設やグループで行う活動を、さらに紹介されることもあります。ここで**他の家族たちと出会うことによって、**

- **子どもにも保護者にも、特性をオープンにした上での仲間ができる**
- **さまざまな特性の子どもたちがいることがわかる**
- **地域で行われている支援や、教育機関のことを知る機会になる**

といったメリットも出てきます。

他にも「親の会」などのグループが独自に活動しており、同じような悩みを持つ保護者たちが交流できる場もあります。

発達支援へつなげるためのアクションまとめ

先ほど書いた、支援へつながるための流れについて、具体的に何をしていくのかをまとめると次のようになります。

【子どもの状況を説明できる材料を集める】

電話相談するときにも、伝えもれがなくなって便利です。

・**母子手帳**：出生時のことや、発育の様子

・**家族による普段の観察**：普段からの育てにくさや問題行動（強いかんしゃく）など、生活での「困り感」を記録したもの

・**子どもの預け先の先生たちからの所見**：その場所ならではの活動（集団行動など）をしているときの様子や、先生の経験から発達の遅れや偏りを感じるかを聞いたもの

⬅

【子どもの発達にまつわる相談先へ連絡する】

どこへ行けば詳しく子どもを診てもらえるか、発達支援機関や、発達に詳しい医療機関などを紹介してもらいます。なお、子どもの症状が際立つ場合には医療機関への相談を勧めます。問い合わせ先として主なのは、こちら。

・自治体（市区町村など）の相談窓口

・かかりつけの小児科などの医療機関

⬅

【医師の診察や、必要があれば発達にまつわる検査を受ける】

療育センターといった専門機関や発達に詳しい医療機関で、医療的な見立てをもらいます。

⬅

【療育など、育てのサポートを受ける】

専門家が必要と判断した療法やトレーニングを受けたり、地域で普段通える児童発達支援施設を紹介してもらったりします。

なお、行政窓口と相談をした上で、医師の診察を通さずに後述の「通所受給者証」をもらって療育施設へ行くことも可能ではあります。

そのパターンで療育施設に通っている場合でも、次第に子どもの特性が明らかになってきたとき、今後のケアを考えるために医師の診察が求められる傾向があります。

子どもにまつわる公的な相談窓口

国や自治体は子どもにまつわるさまざまな福祉サービスを用意しており、子どもについて幅広い相談を受け付けている窓口があります。母子手帳に書かれていることも多いので、ぜひ一度見直してみてください。

【住まいの自治体名　発達相談】で検索すると、近くの窓口が出てくるはずです。

自治体の児童福祉関係の課では、子どもにまつわる悩みに沿って、地域の相談窓口や施設を紹介しています。また、利用できる福祉サービスなどのパンフレットを用意しているところもあります。このようなところを活用して自分から情報をとりにいく必要があります。

子どもにまつわる相談窓口や施設にはさまざまなものがありますが、発達の悩みを相談したいときの最初の窓口として、多く利用されているものを以下に紹介します。

これらの公的機関はすべての相談が無料で、他の機関とも連携。ただし、相談時間は基本的に平日9～17時までで、仕事をしている保護者や通園・通学している子どもが訪問する場合には、休みをとる必要が出てきます。

●自治体の子育て相談窓口

近年は自治体のホームページで「子育ての相談」といったコーナーに連絡先がまとめられており、子どもにまつわる幅広い相談を受け付けている窓口が見つかります。自治体によっては、このコーナーで発達についての相談窓口が用意されていることもあります。

まずは電話で相談して面談の予約をし、担当者に会ったら詳しく話を聞いてもらうといった流れになることが多いようです。

●【保健センター】（乳幼児期に強い）

0歳〜学童期（中学生未満）の子どもにまつわる相談に乗っています。

地域のすべての乳幼児に関わり、相談記録を残している機関で、乳幼児健診を担当しているのもここです。全乳幼児家庭に担当者がおり、保健師・保育士の他に栄養士・心理士などの発達を見る専門職がいることもあります。

●【家庭児童相談室】（身近な相談先）

0〜18歳までの子どもにまつわる相談に乗っています。

児童相談所よりも数が多く、身近で素早い相談ができるので、最初の相談先として活用されている拠点の一つです。子育てに関する相談や子ども本人からの相談、（地域によりますが）家庭訪問による相談も行っています。

保健師の他にもさまざまな専門家がおり、発達支援機関の紹介／知能検査・発達検査／子どもへのセラピーなど、幅広く支援を受けられるところもあります。

医師がいないため診断や投薬はできませんが、医師がいる児童相談所と連携することができます。また、**障害を持つ子どものための手当や補助金制度（【特別児童扶養手当】など）について詳しく聞くこともできます。**

●【教育センター】（小中学生向け）

小学1年生から中学3年生までの子どもにまつわる、教育の相談に乗っています（地域によって異なります）。

学校と連携しながら、臨床心理士などの専門家が相談を受けています。親子でカウンセリングを受けられるところもあります。

●【精神保健福祉センター】（心の問題）

小学校高学年以上の子どもの、心の健康にまつわる相談に乗っています。

発達や行動についての問題のほか、不登校・引きこもり・家庭内暴力といった精神障害に関することについても相談できます。

医療費負担が1割になる「自立支援医療受給者証」

かかりつけの小児科では、普段の診察のほかに、子どもの発達について気になっていることを相談できます。

特性を持つ子どもに対応できる研修を受けている医師もおり、必要な支援についてアドバイスを受けることができたり、より専門的な医院や機関を紹介してもらったりすることも可能です。

発達の専門機関から、子どもの発達の問題に詳しい医療機関を紹介されることもあります。幼児期から学童期までは主に小児科、第二に小児精神科や児童精神科が多いようです。思春期から成人にかけては、複雑な心の問題が絡んでくることから、心療内科・精神科での診療が多く行われています。発達障害専門外来をもつ医療機関もあります。

【自立支援医療受給者証】というものがあります。発達障害にまつわる症状で精神科へ通院を始めるとき、これを取得すると、**医療費の負担が1割に**なります。所得額や世帯状況によって月に負担する上限額が決まっており、それ以上の額を支払わなくて済むのです。申請するときに医療機関と処方箋をもらう薬局を指定し、そこを利用するときにのみ有効になります。

ADHDに処方される一部の薬が高くなることがありますが、長く通院する見通しがあるときは早めに取得しておくことを勧めます。

申請手続きは、自治体の福祉支援課などに問い合わせてください。

⬇【住まいの自治体名　自立支援医療受給者証】で検索

一通りのことが一か所で済む専門機関

子育ての相談窓口から紹介されることもあると思いますが、地域には、特性を持つ人へ支援を行っている施設があります。

自治体が利用料金の9割を負担している**【発達障害者支援センター】**（発達障害全般の

サポートをしており、大人も診てもらえます）や、保険診療を行っている**【療育センター】**といった施設もあります（利用料の目安は施設によって違うので、問い合わせのときに聞いてください）。

これらの専門施設では、**医師の診察・発達にまつわる検査・さまざまな発達支援という一連の流れがここだけで完結するところも多く**、子どものための頼れる施設として一貫して通える安心感があります。

ただし、**予約が混みあっているため通える日までにだいぶ時間がかかることがあり**、普段子どもが通って療育を受けられる場所を別に探す人たちもいます。

普段通える発達支援の施設

特性のある子どもを預かって発達支援（療育）を行ってくれる場所が、行政の支援のもとで用意されています。

利用にあたっては、住まいの福祉事務所、自治体の福祉支援課などで受給者証をもらってくると、これらのサービスを利用するときの費用が1割負担となる上、所得に応じて月

受給者証の種類	利用できる支援サービス
【障害児通所受給者証】	・児童発達支援センター ・児童発達支援事業所 ・放課後等デイサービス ・保育所等訪問支援（支援員が、学校など子どもの集団生活の場に訪問し、子どもの分析を行います）
【障害児入所受給者証】	・障害児入所施設（子どもが施設に入居して、専門家のサポートを受けながら暮らします）
【日中一時支援受給者証】	子どもの一時預かり ・ショートステイ ・タイムケア（家族の就労支援のため） ・レスパイトケア（家族の休息のため）

［図5］受給者証によって利用できる支援サービス

の上限額が適用されます（**上の図5**）。

⬇【厚生労働省　障害児の利用者負担】で検索

主な児童発達支援の施設について、以下に紹介します。

●【児童発達支援センター】

地域にあり、医療型とそうでないものとの2種類があります。どちらも、言語やコミュニケーション、社会性、生活能力などの発達を促すための支援プログラムを組んでいます。

医療型児童発達支援センターには、医師・理学療法士・作業療法士などが常駐しており、必要な子どもには医療的な支援や療法を行います。医療機関とも連携しています。

●【児童発達支援事業所（略称：児発）】

児童発達支援センターよりは規模が小さく、対象年齢は0～6歳。必要なときは教育機関（学校や認定こども園など）と連携をはかりながら、支援をしています。

●【放課後等デイサービス（略称：放デイ）】

対象年齢は6～18歳です。放課後や学校の休日（長期休暇含む）に通えます。

特性を持った子どもに特化した学童保育所、というイメージです。場所によってトレーニングプログラムや宿題のサポートといった支援を行っているほか、子どもが余暇的に過ごせる居場所となっています。

自宅まで送迎をしてくれる施設や、長い時間預かってくれる施設もあります。

●民間の発達支援専門塾

特性のある子どもたちを対象に、体の動かし方、コミュニケーション、勉強方法の支援などのスキル獲得プログラムを有料で提供しています。医療機関ではありませんが、専門家が監修してプログラムを作るなどの工夫が行われています。

前述の施設へ通いづらい事情があったり、トレーニングプログラムを追加で受けさせたい、相談先を増やしたいという家庭は多く、その受け皿としてこのようなサービスが選ばれているようです。

療育という言葉を使わない施設でも、特性を持つ子どもにふさわしい支援が考えられ、実践されています。

何かを楽しんで取り組めたり、ゆっくりできる居場所作りであったり、学校から持ち帰った苦手な宿題をサポートするなど、拠点ごとに特徴を持って活動しています。

学校を休む日を作って通う場所や、放課後や学校のない曜日に通う場所もあります。

ところで、発達支援を受けられる施設にせっかく行っても、施設に入りたがらない子どももいます。**特性のある子どもは、不安が強かったり、慣れない場所に敏感であったりと、新しい場所に馴染むのが難しい特性を持っていることが多い**からです。「ハードル低めでいい。ちょうどいいハードルはどう作る？」（p77〜）を参考にしてください。

施設方面へのお出かけは、「行く気になっただけでもよし」「入口まで行けただけでもよし」と**ハードルを下げてみましょう。施設へ行くまでの道のりに楽しみが出てきたりすれば、少しずつお出かけが楽しくなってくる**かもしれません。

新しい場所や人に少しずつ慣れていくよう、小さな工夫を試しながら、ある程度の期間は一貫性を持って通ってみましょう。

療育は指導者によってさまざま

療育は、子どもにどのような働きかけをしたら効果が高いかという支援計画を立てるところから始まります。どの能力を伸ばすかに応じてさまざまな専門家がおり、その子どもにふさわしい内容やレベルを考えた「遊びのような学びの時間」が提供されます。

子どもの能力を伸ばす療法を【リハビリ】とも呼んでいます。子どもの発達を支援する機関で行われている、主な療育の内容を以下に紹介します。

◆【作業療法】

作業療法士（略称【ＯＴ】）が行います。

遊びや生活の中で行う動作を練習して、体の機能（全身の安定感や手先の器用さなど）、頭を使う機能（コミュニケーションや集中する力など）を育てます。

〈内容の例〉

- 粘土遊びや紐通しで、指先感覚を鍛える
- 子どもの動きの特性に合わせて、普段の動作（着替えなど）を練習する
- 「トイレに行きたい」といった体の感覚を育てる
- パズル遊びなどを通してモノの理解の仕方を学ぶ
- ゲームを通して友だちとの関わり方を覚える

◆【言語療法】

言語聴覚士（略称【ＳＴ】）が行います。

言葉を使った遊びを通して、言葉や気持ちを表現できる方法を練習して、子どもがさら

に言葉を使えるようになることを目指します。読み書きに困難さがあるとき、発音・言葉の発達・聞こえ方に何か問題が起きていることが考えられるので、子どもの状況を確認しながら行われます。

〈内容の例〉
- 絵つきカードや図鑑などを使って、使える単語を増やす
- 言葉以外の、表情や身振りなどで気持ちを表現する練習をする
- 言葉を声に出しやすくする顔の使い方や、発音の仕方を練習する

学習にまつわるアドバイスにつながりやすく、学校で子どもの学習をサポートしてもらうときに役立ちます。読み書きの能力検査もあり、試験時間を延長してもらうといった配慮を学校にお願いする資料として役立てることができます。

◆【理学療法】

理学療法士（略称【ＰＴ】）が行います。

遊びを取り入れた運動を通して、全身を使う能力や「体を使った遊びは楽しい」という気持ちを育てます。運動能力を高めると、普段の生活で生じる動作がスムーズになることにつながります。

〈内容の例〉

- 基本的な動作（起き上がる、歩くなど）を練習する
- 筋力をつけて、正しい姿勢をキープする
- バランスボールなどを使って、体の安定感を高める
- 手押し車やハイハイなど、全身を使った運動を行う
- 全身運動と細かい運動を組み合わせて、体が連動するように促す

◆【感覚統合療法（感覚統合訓練）】

主に作業療法士（略称【ＯＴ】）が行います。

さまざまな感覚を使う遊びを通して、体の感覚を脳が理解して、体を動かすまでの道筋を育てます。作業療法や理学療法に近いものがあります。

〈内容の例〉
- 粘土やスライムを使った遊びで、触感や力の加減を育てる
- ブランコやトランポリンを使った遊びで、体の回転や傾きを感じる感覚を育てる
- 色の違うおもちゃを数えて分ける遊びで、視覚を育てる

◆【ソーシャルスキルトレーニング（SST）】

心理士や福祉施設などのスタッフが行います。人との関わり合い方など、社会生活の中で必要なふるまいをグループ形式で学ぶことが多いです。通級指導教室などでも行われています。

ある程度子どもの年齢が上がって社会的な経験を積んでからのほうが、実感をともなって学習できるといわれています。

〈内容の例〉
- あいさつの仕方を学ぶ

・自分の感情のコントロール方法を学ぶ
・目を合わせて会話をする
・グループで、貸し借りの仕方を練習する

「もしかして、近いことが家庭でもできるのでは？」「既に同じようなことをして遊んでいる」と思うところもあるかもしれません。ただ、**その子どもにとって望ましい運動や訓練を保護者だけで選んだりし続けることは難しいケースもあり、**療育施設は子どもに合わせて体の土台作りをしてもらう意義があります。

通園・通学のほかに療育施設にも通う子どもは、十分に頑張っています。負担をかけすぎないように調整し、家庭で取り入れられることがあるかは相談してみましょう。

進学先ではどう過ごす？　就学相談の話

子どもが小学校や中学校へ進学する時期が近づいてきたとき、子どもの特性によっては、進学先でどのようなクラス（通常級・支援級）で過ごすのが望ましいのか、どのような配慮を受けながら過ごしていけるのかが気になってくるのではないでしょうか。

小学校へ通う前の年度には、子どもの様子で心配がある保護者に向けて、【就学相談】の場が用意されています。

就学相談にまつわる取り組みは、基本的に自治体の教育委員会が行っています。自治体によって違いはありますが、知能検査や行動の観察が行われ、それを元に子どもの就学先について面談が設けられ、アドバイスをもらうという流れが主になります。就学先の決定は、保護者の判断にゆだねられます。

なお、就学相談でもらうアドバイスが、保護者の考えと合わないことがあります。それまでに医療機関や発達支援施設とつながって子どもの状況をみてもらっていると、早めに子どもの進学先について専門家からの意見をまとめておくことができ、医療や療育として裏付けがある意見を伝えられることにつながります。

就学相談の面談は一度きりではなく、子どもを長い目で見てどのように育てていくのがよいか、協力をお願いする姿勢で話し合います。

小学校では、どのクラスに入る？

公立の小学校では、特性を持つ子どもがどのクラスで普段過ごすか（在籍するか）を、入学前にいったん決めます。公立小学校では、以下のようなクラス分けが用意されています（なお、この仕組みは公立中学校でも同じです）。

●通常級（一般的なクラス）

40人以下（小1のみ35人以下）*の子どもたちと学習に取り組むことができ、さまざまな集団行動を経験できる環境です。一通りの学科・実技を学習することになるので、特性によってはできないこと・困りごとが出てくる可能性があります。担任や先生チームによる工夫（個別の指導や配慮）が必要になることも生じます。＊自治体による

●通常級＆【通級指導教室（通級）】

いくつかの学校で開かれている特別クラスです。通っている学校で開かれていることも

ありますが、そうでない場合は放課後などに他の学校の通級へ通うことになります。

通常級におおむね参加できてはいるものの、学習に一部「困り感」がある子どもが通っています。必要と判断されれば、発達障害の診断をとることなく利用できます。

言葉（聞く・話す・読む）やソーシャルスキルトレーニングなどさまざまな指導が行われており、保護者の相談に乗って支援しているところもあります。

●【特別支援学級】（配慮を必要とする子どもたちのクラス）

身体面などでのサポートが必要*な子どもたちを担当し、特性のために学習に支援が必要な子どもたちも受け入れています。基本的に子ども8人につき1人の担当先生がつき、複数の先生で子どもたちを見ている学校もあります。
［*知的障害、身体障害（肢体不自由、病弱・身体虚弱、弱視、難聴）、言語障害、自閉症・情緒障害］
子どもに応じて、普段は通常級に在籍して、苦手な学科や活動では特別支援学級を活用する。あるいは逆に、普段は特別支援学級に在籍して、できることは通常級を活用するなど、柔軟な対応が始まっています。

なお、入学した後にまた子どもの様子を見て、クラスの使い方を柔軟に変えていく体制をとっている学校もあります。さらに近年ではインクルーシブ教育といって、通常級でさまざまな特性の子どもを受け入れる取り組みも進み始めています。

学校によっては、給食の時間に通常級と支援級が交流するなど、さまざまな子どもたちが関わりを持つ取り組みを行っているところもあります。

特別支援学校、はどんなところ？

知的な発達の遅れなど、社会生活において強い「困り感」がある子どもには、通常の小中学校での特別支援学級以上に手厚い支援が行われる【特別支援学校】が用意されています。

特別支援学校には幼稚部・小学部・中学部・高等部があり、一貫教育で子どもの自立を目指すカリキュラムを組んでいるところもあります。

ここでは、発達支援施設のように子どもそれぞれの特性を見極めて、育て方を考える方針で教育が行われています。

公立の小学校か特別支援学校かで迷う場合、入学前に見学をすると、子どもに合う環境を見つける手がかりになります。

特別支援学校において、知能の発達に遅れがないものの特別な配慮が必要な子どもへの対応は、ケアが遅れている様相も見られます。このような子どもの場合、公立小学校で通常級と特別支援学級の両方を活用しながら、ストレスなく時間を過ごすよう学校生活を調整することが多いもようです。

ホームスクーリングという選択肢

学校と保護者が十分に協力していることが前提となりますが、「学校に行きたくない」という意思があり登校が難しい子どもが、**自宅や他施設で教育を受け学習活動を行うことを【ホームスクーリング】といいます。**特性のために学校の環境が合わない子どもを含め、さまざまな不登校の子どもたちの選択肢として、ホームスクーリングがあるのです。

ホームスクーリングは、子どもに義務教育を受けさせるという法律（就学義務）の違反にはならないものの、**出席扱いにしてもらうにはいくつかの条件をクリアする必要があります。**条件の例として、そこでの学習内容が子どもにとって適切かどうか、学校の校長先生が教育委員会とともに判断することなどが挙げられます。

ホームスクーリングを行う場合、学習の進め方を家族で考える難しさもあり、**民間の教育施設であるフリースクールを活用する子どももいます。**

フリースクールは施設によって運営の仕方や教育方針に違いがあり、学校教育法に基づかない自由なカリキュラムや教育方針をとっているところもあります。事前に見学をして、子どもに合う場所を子どもと一緒に考えることを勧めます。

小学校では、誰に相談できる？

公立の小学校では、特性を持つ子どもに誰が関わっているのでしょうか？　担任の先生だけではなく、学校ぐるみで支援を行う仕組みがあるので解説します。

●担任の先生の役割

子どもと一番接点があり、普段の行動について観察や報告をもらうのが担任の先生です。特別な支援が必要となる子どもについては、学校側でもその方法などをまとめる【個別支援計画】を専門家と一緒に作ることがあり、担任の先生は、そのような集まりにおいて子どもの報告書を作る役割があります。

担任の先生は、保護者とともに子どもを見守るパートナーです。クラス全体の教育やケアもしながらサポートをしていただくので、「忙しい中でありがとうございます」の気持ちを忘れずに連携をとっていくことを勧めます。

子どもについて担任の先生以外からの意見もほしいと感じることがあったら、学年主任の先生・スクールカウンセラー・保健の先生・次に説明する特別支援教育コーディネーターの先生も交えて相談してみてください。まずは学校の中で相談に乗ってもらえるよう試みて、それでも難しいようだったら教育委員会への相談を考えましょう。

●【特別支援教育コーディネーター】

学校にいる先生の中でこの役割を受け持っている先生がおり、校内で特別な支援を必要とする子どもたちの教育についてリーダー的な役割をしたり、相談窓口として活動したりしています。ここでも医療機関・公的な福祉機関・専門家の紹介をしてもらえます。

小学校に入学した後に、担任の先生からの話を受けて、子どもの発達にまつわる支援について相談したくなるケースもあると思います。また、子どもの特性によっては、後で説明する【合理的配慮】をお願いすることや、学校側と家族側が合意した上で「個別支援計画」「個別の指導計画」を作っていくことがあります。このようなとき、このコーディネーター先生も交えて相談に乗ってもらいます。

学校側では、このコーディネーター先生・担任の先生も含めて校内委員会を開いて、地域にいる巡回相談員などの専門家を交えた話し合いを行い、子どもへの支援策を作っていきます。

先ほど、「個別支援計画」という言葉が出てきましたが、これを簡単に説明しておきましょう。子どもの進学先や就職先まで引き継がれ、子どもの生涯にわたって他の機関と連携をとって支援していく計画書となります。

内容は「この1年の目標」「目標を達成するために工夫したこと・工夫すること（支援

の内容）」などが盛り込まれ、定期的に見直しが行われます。

入学試験で合理的配慮を頼むときは、出身校でどのような配慮が行われてきたかを示す必要があります。そのようなときに、この計画書は学校による資料として利用することができます。

預け先の人たちと協力しよう

子どもの預け先（支援施設、園や学校）とは、家庭で行っている工夫について共有したり、連携をとることが大切です。はじめの相談から、**サポートブックのような説明書き（第4章を参考に）を用意しておくと話が早い**です。

例えば、**注意をするときの声のかけ方が家庭と預け先とで違うと、子どもが混乱する可能性があります。**子どもの特性に合った対応を頼めると、そこは子どもが家庭以外でも安心して過ごすことができる場所になっていきます。

先生たちからの報告は、子どもが集団生活に入っているときの様子を知る資料になり、専門機関で子どもの相談をするときにも役立ちます。先生たちには同年代の子どもたちを目にしてきている立場ならではの気付きがあり、特性を持った子どもたちに対応した経験がある先生も増えつつあります。

特性を持つ子どもが通常級で頑張っているとき、**所属しているクラスの子どもたちに協力してもらうのも一つの手**です。子どもの診断名（ADHDなど）を明かすのではなく、苦手なことや「こういうときにはどうしてあげるのがいいか」などを、先生からクラスに伝えてもらい理解しておいてもらうと、子ども当人とクラスの子どもたち両方の負担をおさえることが期待できます。

「合理的配慮を受けたい」と相談しよう

特性による困りごとも含めて、障害のある人へ、普段の暮らしや社会生活でつまずいていることに対してふさわしい支援を行うことを【合理的配慮】といいます。

これは障害者差別解消法などの法律で定められていることで、2024年4月からは行政機関だけでなく事業者（企業・団体・店舗、子どもを預かる施設や教育機関）において、

文字の読み書きが難しい子どもに	集中するのが難しい子どもに
・キーボードなどの文字入力ツールを許可する ・テストを別室で行い、口頭での質疑応答にする ・ノートをとる代わりに 板書の撮影を許可する	・座席を一番前の列にする ・ヘッドホンの着用を許可して雑音をカットする ・テストのときについたてスペースを用意する

［図6］学校における合理的配慮の例

負担が重すぎない範囲で対応することが義務となりました。子どもの特性が判明してきて、学校生活の中で必要だと思う配慮があるときには、先生に相談してみましょう。

例えば、周りの音を全部同じ大きさで感じ取るという特性を持つ子どもが、聞こえる音を減らすと学習が進むことがわかっているとき、「授業中に雑音をカットするヘッドホンを使ってOK」とするなど、特性に対して学校側で調整を行うのが合理的配慮です。

合理的配慮は、特性のある子どもを他の子どもたちがこなしている課題から外すのではなく、**他の子どもたちと**

平等に教育を受ける権利を守るものです。

薬の力で落ち着くこともあります

例えば、ＡＤＨＤタイプの衝動性にまつわる行動が激しいとき、本人や周囲に危険が及ぶケースがあります。周囲が生活の工夫などの手立てを尽くしていても、**子どもの行動がエスカレートしているなど「困り感」が強い場合には、医師の判断で薬が処方されます。**特性を持つ子どもの症状をやわらげる主な薬として、Ｐ１３７の図７にあるようなものが存在します。

これらは、やる気・達成感・集中力などに関係がある神経伝達物質（ドーパミンやノルアドレナリンなど）が、ほどよく働くように促します。

薬によって、ＡＤＨＤについては衝動的・多動的な行動が減るだけでなく、集中力が続くようになるなど落ち着いて行動できるような**改善が見られた事例が多くあります。**当事者たちからは、ずっと騒がしく混乱していた頭の中が、静かになる感覚を得られたという意見が多く見られます。

作用	薬品名（商品名）	効果
中枢神経刺激薬	メチルフェニデート（コンサータ）	脳の覚醒度を上げて、集中力や意欲をアップ。比較的早く効き、めりはりがある（ADHD向き）
	リスデキサンフェタミン（ビバンセ）	脳の覚醒度を上げて、集中力や意欲をアップ。ゆるやかに立ち上がり、長時間安定して持続する（ADHD向き）
非中枢神経刺激薬	アトモキセチン（ストラテラ）	集中のしすぎをおさえ、衝動性をコントロールする（ADHD向き）
	グアンファシン（インチュニブ）	過剰な興奮や多動性、衝動性をしずめて落ち着きをもたらす（ADHD向き）
非定型抗精神病薬	アリピプラゾール（エビリファイ）	自傷行為を含む攻撃性や、感情をコントロールできない状態をしずめる（ASD向き）
	リスペリドン（リスパダール）	不安や緊張など、心の不安定さをしずめる（ASD向き）

［図7］特性による困りごとをやわらげる薬

一方で、頭の中の多動性（たくさん思考が働くこと）といった**特性の強みが弱くなることもあります。**

他にも、子どもの症状に応じて漢方薬や睡眠を改善する薬などが処方されることがあります。**薬の効き具合には個人差があり、食欲不振など副作用のリスクもあります。**

今、子どもに起きている問題へどのような仕組みで対処するのか、長い目で見た場合の結果はどうかなどを含め、子どもの状態に合うものを探していきます。

育て方の手がかりを学ぶ「ペアレント・トレーニング」

子ども一人に対して保護者が複数いる場合には特に、誰のやり方や考え方が子どもの状態に合っているのか、意見の食い違いが生まれることもあります。保護者たちの間で子どもの育て方にズレがあると、子どもが混乱する事態を招きます。

療育施設の一部では、**【ペアレント・トレーニング】（簡易版は「ペアレント・プログラム」）という保護者向けの講座**が開かれています。専門家の指導に基づいて、子どもの行動を観察して声をかける方法や、子どもに望ましい行動を増やしていく方法を学ぶことができます。学びながら、発達の専門家に相談することもできます。

子どもの特性をふまえながら、**このトレーニング内容をいったん育て方の手本とすると、保護者同士の意見を合わせやすくなる効果もあります。**

ペアレント・トレーニングでは、できている行動を褒めて伸ばすといった子育てのコツをつかむことで、叱ってばかりの親子関係や保護者の落ち込み感を治していくことにもつながります。国内外の医療ガイドラインでは、**ペアレント・トレーニングはADHDを改善させていく要とされており、**薬を処方するよりも先にやりましょうと提案されています。

ペアレント・トレーニングは基本的にグループ形式で行われており、**複数の保護者で集まって学ぶことにもメリットがあります。**それぞれの家庭での成功例や課題を、保護者同士が近い距離感で共有することで、自分が見落としていたり取り組めていなかったりする点に気づき、新しいアイデアや実践のヒントを得られることがあります。

障害者手帳はどれを取得して、誰に見せるか？

国は障害を持つ人に対して【障害者手帳】を交付しており、普段の暮らしに困難さを持つ人やその家族を支えるさまざまな支援サービスを提供しています。

障害者手帳には3つあります（p140の図8）。特性によってはここに当てはまる子どももおり、取得を決める家族もいます。

いずれも、障害の種類や程度によって、等級が指定されて交付されます。一人の人が複数の手帳を取得することもできます。

手帳の種類	対象
【精神障害者保健福祉手帳】	特性や二次障害などを含めて精神疾患があり、日常生活や社会生活に支援が必要な人
【療育手帳】	知的な障害があり、日常生活や社会生活に支援が必要な人
【身体障害者手帳】	体に障害がある人

※自治体によって基準に違いがある

［図８］障害者手帳とそれぞれの対象

手帳の種類に応じて、**いくつかの税の負担が軽くなったり、外出の際に持ち歩くと交通費や施設の入館料が安くなったりと、さまざまなサービスを受けられます。障害の重さや所得額によっては、国から手当金がもらえます。**

子どもが特性による「困り感」を持っていても、見た目では普通の子どもと見分けがつきにくく、出かけた先で支援につながりにくくなるケースがあります。障害者手帳やヘルプマーク（援助が必要なことを知らせるもの。カードなどになっている）を携帯していることで、**周囲の人たちにも特性があることをわかってもらいやすくなり、サポートへつなが**

りやすくなるメリットがあります。と同時に障害者手帳は、出かけた先のトラブルや災害時などの際に、**身分証明書として機能**します。

働く年齢になったときには、障害者手帳があると、**就職のときや職場において専用のサポートを受けることができます。**障害者雇用という方法で就職したい場合には、障害者手帳は必ず取得することになります。

手帳を取得するにあたって、病院での診断書をもらうために2〜3か月、さらに手帳の取得を申請してから2〜3か月かかることが予想されます。就職のときに活用したい場合、**間に合うように早くから準備を始める必要があります。**

なお、成人した後に、特性や二次障害によって日常生活や社会生活が困難となった時点でも、障害者手帳を取得することでさまざまなサポートを受けられるようになります。

手帳を取得するかどうかは、診断名をもらうことと同じく「子どもを障害者として認めることになる」といった家族の気持ちにも大きく左右されるかもしれません。

ある程度子どもが大きくなっている場合には、本人の気持ちを尊重するケースもあるでしょう。

手帳という証明書を受け取る前に、**先に本人へ特性を説明する必要もあります。**かかりつけの医師や支援してくれている専門家、本人も含めた話し合いによって決めていく流れが多いです。

手帳の交付には、医師の診断書やいくつかの証明書が必要で、自治体の障害福祉課（自治体によって名称はさまざま）へ申請をします。

手帳を取得していることは、本人のプライベートな情報です。支援や配慮を求めたい相手（施設や就職先の企業など）には手帳を取得していることを伝えますが、それ以外の場では、**他の人に手帳を持っていることを教える必要はありません。**

また、取得しても実際に活用するかどうかは各自で決めることができますし、成長して症状が変わってきた結果「必要ない」と判断したら返納することもできます。

第 4 章

日常生活の中でできること

特性を受け入れながら自立を目指す

第４章では、療育施設などで行われているペアレント・トレーニング（p１３８〜）の内容を元に、普段の生活で実践したいことについて解説します。**実はそんなに難しいことではなく、当たり前に遊んできたことの中にも、いいものがいろいろある**のです。

それとともに、重要な保護者のケアについて触れ、ストレスを減らして子育てを続けていくアイデアについて解説します。

一般的に、子どもに対して保護者ができることは、まずは普段のお世話を通じて体を育て守ること。それと、人との関わり方やマナーを教えて、社会性を育てることが挙げられます。子どもの気持ちに寄り添って安心感や自己肯定感を育てること、感情を表現したりコントロールしたりする力を養うことなど、心の面を育てることも大切です。

ただ、特性を持つ子どもにはさまざまな不器用さや、行動の独特さが見られる場合があります。よって次のことを、保護者が組み立てていくことが求められます。

・子どもの特性に合う接し方やサポート
・子どもができることを見つけて認め、伸ばすこと
・子どもが苦手とすることを、どこまで頑張ってもらうか（トレーニングで改善するかを観察する／頑張りすぎないと決める／やり方を変えてできるようにすればいいかを決める、など）

特性があっても、子どもが自分でできることを少しずつでも増やすのが大切です。それが、子どもの自立という将来的な目標には欠かせないからです。子どもの特性を保護者がよく理解することが、これらすべての土台になります。

発達障害ならではの特殊なことは意外に少ない

療育施設におけるさまざまな療法や、発達障害に有効とされるケアの情報をふまえると、特性を持つ子どもに対しては以下のような点を、基本の子育てに足すことになると考えら

れます。

●体を育てる

・生活リズムを整える（決まった時間に起きる、3食食べる、睡眠時間を確保する、など）

・食事の内容を見直して栄養を十分に摂る

⬇生活習慣を整えると、脳の働きが安定します。栄養は、脳や体の感覚が育っていく基礎になります。

・遊びの中で、いろいろな感覚の刺激を受けさせる（※ただし、感覚過敏の特性には配慮すること）

⬇脳が活性化し、体の使い方が改善する可能性が高くなります。

●社会性を育てる

・生活に必要なスキルを教える（家事の基本、お金の管理、あいさつなど）

・望ましい行動、望ましくない行動について教える
・感情をコントロールする練習をする
➡特性のために、教えたことが入りづらい子どもや、どうしてもできないことがある子ども、教え方にコツが要る子どももいますが、ある程度は伝えたり、習慣にしてもらったりすることは必要です。

●脳の働きを育てる

・認知機能のトレーニングを行う（まちがい探し、点つなぎといったパズルなど）
➡算数ドリルや漢字の書き取り以前に、「写す」「比べる」といった目と手を使う作業に慣らします。
・人とのやりとりを増やす（家族や近しい人と雑談するなど）
➡言語力やイメージする力、コミュニケーション能力を育てます。
・できない行動（忘れ物など）を改善するアイデアを一緒に考える

➡自分の行動を振り返り、イメージする力や自主性を養いながら行動へつなげます。

・好きなことに取り組んだり、楽しい時間を増やしたりする
・叱りを減らし、おだやかに生活する
➡脳が活性化し、ストレスでダメージを受けるリスクが減ります。


定型発達の子どもを育てるときと比べても、そこまで特殊な感のある項目はありません。

どの項目も脳の働きを育てることにつながっています。

脳の働きを育てるには、子どもに無理のないようにさまざまな刺激を体験させてみるのが望ましく、人との関わり合いや遊びの時間にも意味があるといえます。

結論として、子どもと周りの大人たちが、暮らしを楽しんでいくことに着地していくのではないでしょうか。

遊びは子どもの発達に大きく貢献する

療育施設では、子どもの発達段階に応じて、望ましい運動や活動が選ばれています。そこへ通えないときにも、似たようなことや子どもに負担のかからないさまざまな感覚を普段から味わうことで、子どもの中でつながりが悪かったりバランスが悪かったりしたいろいろな感覚が、連携してまとまっていきます。

感覚がまとまると、自分の体の大きさなどを正確にイメージできるようになっていき、転びにくくなったり、全身運動が上手になったりといった効果があらわれます。

〈療育の現場で推奨される運動や遊びの例〉

- 大きく体を使う遊び（公園の大きな遊具を使うものが代表例：ジャングルジム、ブランコ、滑り台、鉄棒、トンネルくぐり）
- 体幹を鍛える運動（バランスをとるポーズなど）
- 有酸素運動（散歩など）

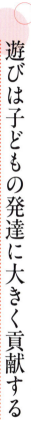

・手先を細かく動かすもの（小さいパーツを積むゲーム、プラモデル作り）
・触感を味わい尽くすもの（ふとんに包まれる、握るおもちゃ、スライム、粘土）
・平衡感覚を養う遊び（回るイスに座って回してもらう、トランポリン、ハンモックやぶら下がったタイヤに乗ってゆれる）
・イメージする力を養う遊び（ブロック玩具、パズル、ボードゲーム、自分の好きなものを描く）
・体の左右で違う動き（楽器の演奏、球技、体操、水泳）

こうして見ると、**公園やアスレチックや運動、既にある様々な遊び道具は、人の感覚をあれこれ刺激するのに十分な役割を持っている**ことがわかります。普段足りないと感じている感覚を味わいきって満足すると、**衝動性が減る**といった効果も挙げられています。

行動療法や感覚統合療法の中では、避けたい感覚を「恐れなくてもいいのだ」と子どもに理解してもらい、少しずつ慣れさせていくといった工夫があるのですが、いろいろな遊びをすることには発達の面で大きな意味があるといえます。

好きなことを伸ばすと、他の能力も伸びるきっかけに

映画『ハリー・ポッター』シリーズの主役であるダニエル・ラドクリフは、紐結びなど手先を使うことに困難のある子どもでした。映画俳優のトム・クルーズは、文字を読むことに困難さを持つ子どもだったのです。

トムの場合は支援のためのトレーニングを早めに始めたことも功を奏しましたが、彼らは演技にハマって稽古《けいこ》をたくさんする中でさまざまな体験や作業をすることになり、体の動きや自分に合う学習方法を伸ばす総合的なトレーニングになりました。

特性を持つ子どもは、特定の分野に強い興味や集中力を示すことが多い傾向があります。例えば、電車が好きな子どもが路線図を暗記するだけでなく、それをきっかけに地理や数学に興味を広げることもあります。このように、**一つの興味が他の分野の学びへと発展するきっかけとなる可能性もあるのです。**

好きなことに取り組む時間は、どの子どもにとっても楽しくストレスの少ない体験です

が、特性がある子どもは驚異的な集中力を発揮して取り組むことがあります。脳がよく働いている状態でもあることでしょう。

なので、**子どもがやってみたいこと・好きなことをたくさんやらせると、そのために必要な他のことを自ら習得する意欲につながり、総合的に体の能力や学びの内容が上がっていったという事例が多く報告されています。**

特に思考が強いＡＳＤタイプの場合は、苦手なことは無理強いせず、得意なことは好きなだけやらせると、達成感や成果を得られることで自尊心も上がっていくことが指摘されています。

子どもにできることはやらせる、選ばせる

発達障害の子どもを育てる中で、保護者が子どもの世話に深く関わるのはよくあること。ただし、子どもの特性を見据えた上で、サポートの手を入れるところと、子ども自身にやらせてみるところを、区別して考えることが大切です。

例えば、保護者が子どもの身支度をすべて手伝うことが習慣になると、特に特性を持つ

子どもは、自分でできることがわからなくなります。また、不安が強い子どもの場合、手伝うことが当たり前になると、自分でできそうなことにも強い不安を持つようになる場合があります。

そこで、スモールステップ作戦（p79〜）で子どもにできることを少しずつ任せてみると、子どもは成功体験を積み重ねやすくなります。

子どもが宿題で悩んでいる場合、答えを全部教えるのが適切なサポートではないと思います。子どもによっては困難な課題もありますが、少しでもいいので**自力でできるところ・できたところを一緒に見つけて、自分で課題に取り組んだ感覚を育てるサポートを行いたい**ところです。

また、**子どもに任せることの一つとして「選ばせること」が挙げられます。**「どっちにする？」は、大人が2つの選択肢を用意してはいますが、子どもの主体性を残す質問になっています。子どもが自分から選び、答えを出すという行動を起こす練習になるのです。

保護者が子どもの世話をしすぎないことは、**保護者自身の負担を減らすことにもつなが**

ります。今はたくさん世話を焼くことがあるかもしれませんが、子どもには自分で決める力を少しずつつけてもらいましょう。

行動にクセがある子どもと日々暮らすと、面倒なことが多いものです。「ずっと自分がつきっきりで子どもの世話をしていれば、子どもに決定権を持たせるよりもラク」という気持ちに向かうこともあるかもしれません。

でも、子どもが自分でできることや自ら考える機会を減らしすぎていないでしょうか。その結果、自分がかえって疲れていないか、ときどき振り返ってみてください。

お手伝いを頼むと、能力と自信のアップにつながる

子どもに不器用なところがあったとしても、ささやかなお手伝いを頼んだり、暮らしの中で保護者が負担になっている作業を一緒にやってもらったりしましょう。**暮らしの中では、座学では得られないような何気なく学べることがいろいろあり、家事は将来自立していくためのスキルでもあります。**

お手伝いの行動を、特性のケアや脳の働きを育てる観点から見直すと、たくさんの優れ

た効果があります。

- 「望ましい行動を行い、結果としてどのような言葉を受け取るか」といったいくつかの行動がつながった型（行動パターン）を教える機会になります
- 共同作業をすると、コミュニケーションの練習になります
- 指示通りにやってみるという行為は、聞き取りや手の作業の練習になります
- さまざまな感覚を一度に味わえて脳に刺激をもたらす作業が、お手伝いの中にもあります（料理、ぞうきんがけなど）
- 子どもの意外に得意なことや鋭いこと、子どもの良いところが見つかる契機になります
- 家族以外の人との関わり合いが難しい子どもにとっては、お手伝いなどでコミュニケーションをとることが社会性を育てる基礎になります
- 子どもを褒めるチャンスになります
- 「かわいそうな子ども」という扱われ方ではなく「自分も誰かの役に立てる」という経験を得るので、子どもの自信につながります

お手伝いをしてもらうという普通の暮らしの中にも、子どもができることや、子どもに対する前向きな見方を増やしていく手がかりがあります。**何かをこなすことで子どもに自信がつくことと、他のことへチャレンジする気持ちはつながっています。**

以上を見るに、子どもが毎日スマホやタブレットなどの画面を見つめて長時間遊ぶことは、比較的範囲の狭い感覚だけを与えているということになりそうです。というのもスマホやタブレットによる遊びには、主に目・耳・指先だけを使う、視覚的な刺激が強すぎる、といった特徴が挙げられることも関係しています。

家庭が安心できる場所であることが、すべての始まり

すべての子どもには、安心して過ごせる場所が必要です。特性を持つ子どもには、なおさらそれが求められます。

なぜなら、特性を持つ子どもは、学校などの社会に出たときに苦手なことや自分のできなさ具合と向き合うことで落ち込んだり、自分にとっては強すぎる刺激を受け続けていたりと、いろいろな面で疲れて家庭へ戻ってくることが多いからです。

心理学者マズローの「欲求段階説」によると、人には5つの欲求があります。その中で、**最も基礎となるのが「生理的欲求」（食事や睡眠など）と「安全欲求」（安心できる環境や安定した生活）です。これらが満たされることで、人は心や体の土台が整い、次のステップに進むことができます。**

これをふまえると、一般的に子どもがどういうときに安心できるかについては、主に以下が挙げられます。

- 眠る、食べる、トイレといった体の欲求が満たされる
- やりとりが乱暴でない／叱られずに話が通る
- 話したいときは、（保護者ができる範囲で）注意を向けてもらって話を聞いてもらえる
- ルールは一緒に作る。支配されるのではない
- 困ったことは、怖がらずに相談できる
- 干渉されずに、好きなことに浸るひと時を過ごせる

先のことに加えて、特性を持つ子どもがどういうときに安心できるかというと、子ども

の「困り感」を理解した次のような要素がプラスされたときです。

・頑張ってもできないことや苦手なことがある、と理解してもらえている
・自分にとってわかりやすい伝え方をしてくれる
・わかりにくい伝え方や指示を、しつこく繰り返されない
・子どもにとって落ち着ける環境が用意されている
・やることが前もって伝えられ、あわてたり混乱したりしなくて済む

人生における最初の休憩所は家庭です。子どもはちょっと出かけて、無事に帰ってきて元気をチャージすることを繰り返し、少しずつ行動範囲を広げていきます。

ゆくゆくは社会の中に他の休憩所が増えていくことを願いたいものですが、**最初の休憩所である家庭が安心して休める場所であることが、社会へ出ていく基盤になります。**家庭が、体と心を休めたいときに休める場所であるよう、気にかけてあげてください。

親子の信頼関係が多少のトラブルも回避させる

家庭で子どもが安心し落ち着いて暮らせる要素の一つとして、保護者と子どもの間に信頼関係が築かれていることが、長く子どものサポートを続けていく上で大切です。

保護者は、子どものしつけに懸命になるあまり、気づかないうちに子どもの行動をすべて管理しようと頑張っていることがあります。その結果、いつの間にか「子どもが親の指示に従い、問題を起こさないようにすること」に目的がすり替わっていることがあります。

そこで、例えば次のように「虐待の逆」の実践を意識してみてください。すると、**信頼関係は子どもを〝管理〟するよりも、〝尊重〟する行動で作られる**ことが、いっそう理解できると思います。

- 子どもの体と心を大切にする
- 乱暴な言葉、乱暴な態度をひかえる
- 子どもの年齢に応じてほどよい距離で付き合う（幼いうちはサポートすることが多くて

も、少しずつ任せる部分を作る）
・子どもを支配するのではなく、意見や話に耳を傾けて一緒に考える

保護者がときには怒りすぎたり、後から自分で反省したりするような行為をしてしまったとしても、普段から「保護者は自分のことを大切に考えてくれている」と子どもが理解できていればそれがベースになり、関係の回復が早まります。

脳科学でも、ストレスが少なく信頼感を学べた子どもには、心の問題を乗り越える力がつくことが指摘されています。脳内の興奮系・鎮静系のホルモンバランスが安定し、ストレスをおさえる効果が続きます。

望ましいやりとりの手本を見せて、真似してもらう

子どもにとって最初の社会（他の人がいる世界）は家庭です。子どもは家庭の中で、保護者が自分や他人にする関わり方を見て、人とのやりとりを学びます。人の気持ちを理解しづらい特性を持った子どももいますが、そうであっても、やはり**保護者の行動から学ん**

で真似をします。

とはいえ保護者も人間ですから、つい感情的になってしまうときもあると思います。以下に、子どもに限らず他の人とのやりとりの中で、自分の感情をおさえつけないことも考えながらどのようにふるまうのが望ましいか、ヒントを挙げます。

- 乱暴な言い方や行為、モノへのやつ当たりをひかえる
- 自分の気持ちは、「こう感じているよ」と言葉で伝える
- 怒りが爆発しそうになったら、冷静になるための手立てをしてから会話する。例えば、「今は休憩が要るから、ちょっとトイレに行ってくる」と言っていったんその場を離れる
- 他の人を決めつけるような発言を避ける
- 終わらない議論は避け、話し合いが続くようなら、解決できそうなところまでにする。
- 言いすぎたらすぐ謝り、怒った理由を説明する
- 相手の話を聞く際には、ただひたすら聞いてほしいのか、自分の意見を言ってもいいのか確認する

・自分を主語にして意見を伝える。他の人を引き合いに出すのではなく「あなたがそういう行為をしたら、私はこう感じるよ」と表現する
・問題行動を注意するときは、行動だけを注意する。「だからあなたはダメなんだ」など、人格を批判しない

ここまで、「子どものためにやること」ばかり書いてきたように見えるかもしれません。ですが、**子どもに限らず人に対して乱暴にならない、相手を尊重して向き合う、といった姿勢は心を落ち着けて癒し、自分を含めて誰も悪者にせず、おだやかに暮らす技でもあります。**

預け先とも信頼関係を作るとラクになる

保護者には子どもをかわいがるだけではなく、自立を目指して必要なことを伝えていく役割があります。

子どもの問題行動については、コントロールをして導いていく必要があります。それと

は別に、（例えば大切な友人に接するときのように）一人の人間として意見や気持ちを尊重すると、子どもと気持ちのやりとりを行うことがスムーズになります。

保護者からも子どもからも、率直な意見を言い合えるような関係を目指しましょう。子どもが困っているときや、学校などで困りごとがあったときに、子どもから早く正確に情報が聞き取れることにもつながります。

進学先や預け先の人たちに対しても、同じように信頼関係を築くことが大切です。他の子どもたちも見ている忙しい中で対応してくれていることを配慮し、そのことに対する「ありがとうございます」の気持ちを前提にして、協力しましょう。

保護者から、子どもの特性を預け先へ伝えるにあたっては、「こういう診断名なので、理解してください」と一方的に要求を投げるのではなく、具体的に今の状況やうまくいっている工夫を伝えるようにしましょう。

〈預け先が困らない連絡のコツ〉

- 宿題などの指示に対して、特性のために困難さがあった場合でも、できる範囲で親子一

緒に取り組んだ事実を見せたり相談したりする

- 子どもの特性やそのために起こす行動を、具体的にわかりやすく伝える。サポートブック（詳細は次項にて）を使うのもよい
- 子どもの全体像（困りごとだけでなく、良いところ・得意なところも）を伝える
- 環境を工夫すると問題行動が起こらなくなるなど、協力していただくことで改善が見られることがあれば伝える
- 連絡があったら早めに返信する

多くの場面で重宝する「サポートブック」を作っておく

発達障害専門の医療機関や療育を行う専門機関は、予約をしても診察が何か月も先になることがあります。

また、健診時などで子どもの発達をみてもらったときに「（発達の問題がありそうだけど）様子を見ましょう」と伝えられることがあります。

そんなとき、ただ何も手を打たずに見守りながら育てていくよりも、今からできることを考えて少しずつアクションを起こしていくことを勧めます。

その一つが、次のような**子どもの個性が強いなと思ったことを、読みやすいかたちで記録しておくこと**です。

・子どもの得意なこと・苦手なこと（極端な感じがするか）
・こういう方法だとできるけど、こういう方法だとできない
・子どもの無邪気さや幼さの範囲とは思いづらい、不自然に思った行動

以上のような、**子どもの特性にまつわることをまとめた資料は主に【サポートブック】や「就学支援シート」と呼ばれています**（自治体によって、違う名前で提供されていることもあります）。

これを作っておくと、発達相談のときや預け先で、子どもの特性を理解してもらいやすくなり、支援がスムーズになります。医療・専門機関では面談がまとまりやすくなり、保護者も伝え忘れを防ぐことができます。預け先では、子どもに合わせた対応がしやすくなります。

2025年現在、サポートブックのさまざまなテンプレートが無償で提供されています。さまざまな支援団体が作成したテンプレートがネットからダウンロードでき、印刷して使うことができます。地域によっては、役所や支援相談センターでも提供されています。

⬇【発達障害　サポートブック】で検索

テンプレートの中で必要だと思うページだけを使ったり、A4用紙1枚にまとめるぐらいでもかまいません。見やすく渡しやすいかたちにしておきましょう。

作るときは面倒かもしれませんが、作りながら子どもの理解が進むということもあります。また、**支援者が変わるたびに同じ説明を口頭でするよりもずっとラクになります。**

〈サポートブックに書く項目の例〉

- 名前、家庭やかかりつけ医への連絡先
- これまでにどんな医療施設・支援施設に通ってきたか
- 特性の傾向（苦手なこと、強く興味を持っていること、得意なこと、普段よくしている

行動）
- 食事の特徴（食べられるもの、苦手なもの）
- 過敏になりやすいもの（音、匂い、新しい場所など）
- （パニックがあったときなどの）落ち着く方法、過ごし方

子どもの特性に限らず、他の家族を病気などでどこかへ預けることになった場合にも、このようなものを用意する発想は役に立ちます。

子どもがわかりやすいように「分ける」

特性を持つ子どもの中には、一度に一つの情報しか頭に入れることができなかったり、たくさんの情報（1日の予定など）が示されると混乱したりする子どもがいます。彼らにとって、抱えきれない情報は余計な刺激となってしまいます。

幼い子どもたちを預かっている園の中を想像してみてください。朝一番にホワイトボードや黒板には「今日の予定」が大きく書き出され、みんなで一つずつ確認します。

それぞれの手ふきタオルをかけるフックには子どもの名前シールが貼られ、みんなで使うケースには「連絡帳」など中身を知らせるシールが貼られています。

周りの子どもの様子が気になって仕方がない子どもには前方の席が用意され、他の子どもが見えすぎないように配慮されています。

予定表やシールなどの工夫は、必要な情報の量を調節してわかりやすく見せています。**必要なモノや作業を「分ける」ことで、迷わずに行動できるようにサポートしているのです。**席を前方にすることは、子どもが落ち着くために、見えていいもの・見えなくていいものを「分けて」いるということです。

子どもが大きくなってからも、生活面での不便さや「困り感」が出てきたときには、この感覚に立ち返って「分ける」という方法を活用してみましょう。子どもを年齢不相応に幼く扱うということではなく、子どもの周りにあふれる情報を整理して「困り感」をサポートできるような環境に整えるということです。

子どもの成長につれて、1日の予定やモノは増えがちです。「快適に過ごせるように、

分け方	具体例	目的
集中する作業とそれ以外を「分ける」	勉強する場所を決める。今使わないものを片付ける	気持ちを切り替える。周りを作業に必要な情報だけにして集中しやすくする
刺激を「分ける」	勉強のときに、目につく窓のカーテンをしめる	余計な刺激が突然入らないようにして集中しやすくする
必要な情報だけを「分ける」	1日のスケジュールをホワイトボードに掲示する	予定があることがわかる。繰り返し確認できる。見通しが立つ
モノの置き場所を「分ける」	筆記用具の置き場所を決める	目的のモノを見つけやすくする。次の行動に移りやすくする

［図 9］分け方と、それぞれの具体例と目的

分ける」を意識して子どもの生活まわりを仕立てると、そのときに必要な物事を子どもが自分の力で選びやすくなります。

上の図9のように、環境や見せ方に枠のようなものを作って調整することを【構造化】といいます。

学校など子どもを預かる場所は、構造化を元に作られていることが多いです。預け先の人たちと子どもの特性について話し合い、お互いにうまくいっているやり方があれば共有していきましょう。

なお、ホワイトボード一つをとっても、保護者が一方的に貼り出すだけだと、子どもが自分から確認しなくなりがちです。このような用意が効果的に使われるには、**本人が自主**

的にそれを使っていけるように根回しすることを勧めます。
準備段階から本人へ相談し、「どんなのがいい？」「どういう大きさで、どこに貼ったらチェックしやすい？」など、巻き込みながら進めてみましょう。

先の見通しが立ちやすくなる工夫をする

特性がある子どもは、日常生活の中で行われる一連の行動（片付け→食事→お風呂などど）でも、普段とは雰囲気が違うイベント（運動会やお出かけなど）でも、不安や混乱を起こしやすいことがあります。

それは、**予定（行動の流れ）をなかなか覚えられなかったり、気持ちの切り替えをするのが難しかったり、イメージすることが難しいといった理由から起きています。**

そこで、**次に何が起きるかがわかるような、あるいは繰り返し確認できるような、予定の見通しが立ちやすくなる工夫を生活の中に取り入れます**（p171の図10）。すると、子どももが自分の行動をコントロールしやすくなり、気持ちを荒立てないで過ごせる時間を増やす手助けになります。

場面	見通しの立て方の例
朝の支度をするとき	ホワイトボードに書く／スケジュール表を貼り出す 「7時に起きる」「7時15分に顔を洗う」など
外出するとき	事前に ・行く場所の写真を見せる ・かかる時間や準備を伝える ・不安になったらどうするか話し合う ・子どもの気持ちを聞いておく
動画を観るのは夕食まで、を伝えるとき	「あと〇分経ったら、キリのいいところで動画を止めて夕食にするよ」など、いくつかのタイミングに分けて声かけをする

［図10］見通しの立て方の例

見通しを立てるツールを用意するときは、**子どもの特性に合わせたものを選びます。**デジタル時計式の時間表示で予定がわかりやすくなる子どももいれば、絵や写真を貼ることでお出かけ先がわかりやすくなる子どももいます。

保護者が行動を起こしても、なかなかうまくいかないことがあるかもしれません。そんなときこそ、焦らずに子どもをサポートすることが大切です。

きつく叱らず、落ち着いて伝える「ＣＣＱ」を使う

子どもが問題行動を起こしたりできないことがあったりするとき、とっさに「厳しい言い方や叱り方で、子どもに言うことをきかせる」やり方に走ることもあるかと思います。でもこのようなやり方は、一時的に子どもを怖がらせて行動をおさえつけているに過ぎません。**しつけのゴールは、子どもが保護者から離れていても、起きた問題について自分で考え、自分でふさわしい行動をとれるように改善していけること**です。

子どもへ望ましい行動を伝えるには、**ＣＣＱというテクニック**があります。

- **Ｃ（Ｃａｌｍ）：おだやかな声で**
- **Ｃ（Ｃｌｏｓｅ）：子どもに近づいて**
- **Ｑ（Ｑｕｉｅｔ）：静かな声で**

ＣＣＱは、特性を持つ子どもや行動に課題のある子どもへの対応でよく使われる方法です。子どもの注意を引きやすく、また注意を子どもが受け入れやすくなります。

常に「強く叱る」という切り札を出すのは、子どもにも保護者にもストレスがかかり続けます。二次障害のところでも述べましたが、強いストレスを受け続けた子どもは特性のあるなしに関わらず、不安定な行動や問題行動が増えていきます。

また、**何度も強く叱らないといけないということは、そのやり方では改善していないということ**です。

何より、**叱っている声をもっとも身近で聞いて傷付いていくのは、叱っている保護者自身。**子育ての中で試練が多いように感じたらなおさら、保護者自身に届く言葉を選び、ストレスを減らすことが大切です。

特性をふまえて簡潔に伝えよう

子どもの特性によっては、こちらの話が入りやすい伝え方・入りづらい伝え方がありま す。また、こちらからの指示が伝わるためには、その子どもが話を聞ける落ち着いた状態であることも重要です。

子どもに指示を出すときやこれからの予定を伝えるときには、例えば以下のような**特性をふまえて伝え方を工夫する必要があります。**

- 耳で聞くと覚えやすい
- 文字ではなく、写真や絵のカードを使うと指示が入りやすい
- 大きな文字で次の予定が書いてあると指示が入りやすい
- 一度にさまざまな指示を出されると全部覚えられず、最後の指示だけが記憶に残る
- 具体的な指示だと理解できる（例：×「あとちょっとしたら出かける」→○「5分後に出かける」）

なるべく**「シンプルに」「短く」「わかりやすく」伝えるようにするのがポイント**です。

保護者のやり方やペースで問いかけや指示出しをすると、特に特性を持つ子どもは、理解しきれず混乱を招くことがあります。子どもが固まったりスムーズなやりとりにならなかったりしたら、子どもの特性に合った問いかけや指示になっているか考えてみましょう。

大人は、子どもよりも長い人生経験によって、さまざまな作業をこなせるように発達した人間です。特性を持つ子どもからしたら、追いつきようがないほど高いスキルを習得している人ともいえるのです。

大人の「できて当たり前」を子どもに適用しないように気をつけることを勧めます。

型を教える。体験談を共有する

子どもの特性によっては、私たちが常識だと思って行動していることも、全く理解できていない・教わらないと全然わかっていないということがあります。特にASDの子どもは、人の行動のうしろにある感情をつかみきれない特性を持つことがあります。

人とのやりとりの中で、言葉で説明されずに進んでいく部分をイメージすることが不得意で勘違いを起こしたり、相手の気持ちを推しはかって行動することが難しかったりします。

そのような子どもには、**「こういう場面ではこのようにふるまうものだ」という行動の型や理由を伝えていくと、社会勉強にもなり、本人の社会生活を手助けすることにもなる**

でしょう。

こういったテクニックを経験の中でたくさん学び、周囲に合わせられるようになった当事者たちからは、「これは、普通の人を装っている擬態（カモフラージュ）だ。自分の特性が伝えづらく、伝わりづらくなっている」という意見もあります。

周りの人たちの行動に合わせることは社会生活を乗り切る手段になるものの、ずっと本当の自分を隠すようなやり方をしていると、強いストレスがかかってしまうでしょう。苦手なことを理解し合い、協力して環境を整えられると心強いですね。

療育施設で行われるソーシャルスキルトレーニングでは、生活や社会の中でよくある基本的なシチュエーションについて、やりとりの手本を示して教えています。ただ、現実の日々の暮らしを送る中では、それよりもっと細かい気持ちを含んだ応用的なやりとりが発生するものです。

そういった**「より複雑な型」を、負担なく日々子どもの中へ積んでいけるやり方としては、保護者がその日に体験したやりとりを子どもに共有すること**が挙げられます。失敗談でもそうでなくてもいいので、体験した出来事を子どもと雑談しましょう。

お父さんが大好きなメロンパンを分けてくれようとしたんだけど、私、メロンパンは甘すぎて苦手なんだよね
『ありがとう。でも、おせんべいのほうが好きなんだよ。ごめんね』って言って断ったんだよ
お母さんは、メロンパンをもらわないのに
どうしてありがとうって言ったの？
お父さんが感じたおいしさを分けてくれようとしたから、その優しい気持ちに、ありがとうって言ったんだよ
あと、メロンパンが嫌いだって言うと、メロンパンが大好きなお父さんは傷つくかなと思ったから、それは言わないで断ったんだよ

子どもに共感するのが最優先。相談はその後に

ＡＳＤタイプには、物事のとらえ方に特徴がある子どもがいます。人とのやりとりや出来事を表面的にとらえてしまい**本当の意味を察することができなかったり、強いこだわりで他人を決めつけたりすることがあるのです。**

例えば、元気で活発なタイプのクラスメートが軽くちょっかいを出してきたという事実に対して、「クラスの子が自分をいじめてきた、すごく腹が立った」と話してくるような場合もあります（事実の確認は必要ですが）。

子どもの今の気持ちは事実であり、ネガティブな本音を打ち明けてくれたことは信頼されている証ともいえます。とはいえ、まずは、本人が落ち着くのを待ち、保護者の意見を入れないように気をつけながら話を聞きましょう。

子どもが話をしているときは、とっさに否定しないよう気をつけて、「そうだったんだね、嫌な気持ちになったんだね」と**まずは本人の気持ちに共感し、言葉になっていない部分を含めて気持ちを代弁します。それから、次にできそうなことを話し合うようにします。**

話せば話すほど、子どもが落ち込むこともあります。悩む時間を15分など具体的に決めると、子どもの不安を広げずにおさめることにつながります。また、短時間であっても子どもは自分に悩みがあることを受け止めてもらえることから安心し、落ち着いていくことも多いです。

子どもの考え方が強いときは、気持ちをわかってあげられないこともあるかもしれません。それでも、わかってあげたいという想いや、聞き手が子どもの味方であることは伝えておきましょう。

自分の想いを受け止めて尊重してくれる人がいると、子どもの中で、社会でさまざまなストレスを受けたときに耐えられる力が育っていきます。

以上はＡＳＤタイプの特性の一つを事例として、子どもの話の聞き方についてまとめましたが、さまざまな人たちの悩みを聞くときにも活用できる方法です。

できていることを「すぐホメ」しよう

特性を持つ子どもは苦手なことや失敗が多くなることもあり、そうなると挫折や落ち込みの経験を積みやすくなります。保護者としても、できていないことのほうがつい目につくものです。

ですが、**子どもができていること・できたことを（当たり前のことだと思っても）見つけて、そちらへ常に注目するよう心がけてください。**

子どもにとって、保護者が注目してくれることはごほうびとなります。**特性のために保護者のほうに興味を持ちづらい子どももいますが、注目されて何らかのフォローをもらえたものは、習慣化が進みます。**

うれしい行動があったときや、ささやかでもチャレンジをしたときは、大げさにならなくていいので**「すぐ」「行動を」「短い言葉で」褒めましょう**（以降、これを「すぐホメ」と呼びます）。時間が経ってから褒めると、特性のためにいつのことを言っているのか・あるいは何のことだったかわからなくなってしまう子どももいるからです。

何かに取り組んでみたけれど、できていなかったりうまくいっていないように見えたりすることもあるかもしれません。でも、**チャレンジしたことがあれば、**

「ここまで〇〇をやったんだ。頑張っているね！」

と、状況を「すぐホメ」できます。

また、（これは小さな子ども向きの例ですが）「寝る前のルーティン」というまとめた行動ではなく、「パジャマに着替えた」「歯磨きした」「寝る前にトイレに行った」というように行動を小分けすると「すぐホメ」しやすくなり、回数も増えます。

「すぐホメ」をすると、誰とも比べず、その子どもなりに頑張っていることを保護者もポ

ジティブにとらえることができます。

褒める側・褒められる側がわざとらしさを感じてシラけないようにするには、**褒める側が「こんなのできて当たり前」というフィルターを外して子どもを見ること、できたことをそとづらではなく本心から喜んでいることが大切**です。

褒めることは、子育ての中で保護者が持つ最も強力な武器であり、子どもの味方であることを伝える力があります。

なお、褒めるときだけではなく**注意を促すときにも「すぐ」を意識すると、同様に子どもが理解しやすく、受け止めやすくなります。**

「注意」よりも「注目」することをまずは意識する

特性を持つ子どもは、苦手なことをカバーするために他の強みがフル稼働していて、結果として「頑張っている普通の子」に見えていることがあります。

子どもをよく観察したり今日の出来事を聞いてみたりすると、接点が多い保護者だからこそ気付ける「実はできたこと」があるかもしれません。**失敗を自分のやり方でカバーしていたというケースこそ、注意ではなく注目してみましょう。**

例えば、ASDの子どもで、教科書を忘れてきたけれど教科書の内容を覚えていたから問題なく授業をこなせていたという事例があります。その子どもは「忘れ物をしやすい特性」と「文字を記憶する力が強い特性」を持っているわけです。

この例でいうと「文字を記憶する力が強い特性」のほうに注目して、覚えることを遊び感覚でどんどんやらせると脳が活性化し、カバーできるものが増えます。知識も広がりますし、語彙《ごい》が増えて表現力が向上したら、コミュニケーション能力も高まります。得た知識を周りの人と共有する楽しさを知ったら、社会的なつながりも深まることでしょう。

「困り感」のある特性については何らかのサポートをしていくことが必要ですが、得意なことがあると子どもの世界を広げる手助けになるのです。また、「社会に出ている中で、何かできないことがあっても何とかなる」という自信を子どもに与えます。

目標は小さく分解し、目標自体を少しずつずらしていく

特性を持つ子どもには、特定の服しか着たがらなかったり、同じものしか食べたがらなかったりなど、**強いこだわり行動が見られることがあります。**これらは子どもが自分なりに安心感を作っている行為であったりするのですが、日常生活では周りの人に「困り感」が生じることもあります。

このような子どもにいきなり大きな変化を求めることは、大人が想像する以上に大きなストレスとなります。「大きく2つのメリットがあるスモールステップ」(p79〜)では、お出かけを例にして**スモールステップを使った接し方が有効**であることを書いています。ここでは、さらにこだわりをほぐす具体例について解説しましょう。

まず例えばですが、起きている問題(特定の服しか着ない)を、大きな目標(いろいろな服を着て楽しむことができる)という見方に置き換えてみます。

次に、**大きな目標をいくつかの小さな目標(似た色の服を着るなど)に分解**します。小

さな目標に少しずつ取り組むことで、「ここまで変えても大丈夫だった」と子どもの不安感をやわらげ、新しいことに少しずつ慣れさせていくのが、スモールステップ作戦です。

●具体例1：特定の服しか着たがらない

子どもが青いTシャツしか着たがらない

⬅

青に似た色のTシャツを選ぶ／青いTシャツの上に別の服を羽織る

⬅

紫⬇赤⬇オレンジ⬇黄色と徐々に変えていく

⬅

Yシャツも取り入れる

●具体例2：食事のメニューへのこだわりが強い

白米しか食べない

⬅

白米の横にほんの少量、別の食材を置く（置くだけ）

⬅

別の食材をスプーンや箸で触る（触るだけ）

⬅

ごく少量、口にしてみる

⬅

徐々に新しい食材の種類や量を増やす

子どももそれぞれに、何を受け入れられるかの違いがあるので、子どもに合わせたスモールステップを探します。

小さな変化を子どもが受け入れられたときは、「他の色も似合うね」「ごはんの隣にある○○も食べてくれてありがとう。美味しかったね」と確認し合い、褒めましょう。

デキない部分を具体的に洗い出し、一つずつ解決

集団生活をきっかけに、さまざまな作業や人と関係を作りながら行う活動が増えていくことから、子どもの特性が目に見えて出てきやすくなります。

例えば「学校で、掃除の時間に取り組めない」という指摘をいただいたとします。そこで**大事なのは、大まかに聞いて終わりにしないこと。**具体的に、何ができずに困っているのかをたずねてみましょう。子どもの特性はさまざまであり、一口に「掃除に取り組めない」と言っても、「困り感」が起きている状況にはいろいろなパターンが考えられるからです。

〈学校で掃除の時間に取り組めない原因と、それぞれの対策例〉

- 目の前のいろいろな物事に気がそれて集中できない⇒声掛けをしつつ、集中しやすい場所を担当してもらう
- 口頭で出された指示が頭の中でまとまらない⇒やることリストを掲示する

・ゴミ箱など道具の触り心地が苦手⇒無理させず他の作業を担当してもらう／手袋をして苦手な刺激を防いでもらう
・同時に2つのことが行えない⇒一つずつ取り組んでもらう

子どもから状況の聞きとりをするときは、保護者のペースではなく、**子どもが話しやすいペースで質問しましょう。**話ができる状態に持っていくまでに時間がかかる、という子どももいますが、結局は最も近道となりますから。

大人のペースで矢継ぎ早に質問すると、子どもは「責められている」感覚を持ち、話しづらくなることがあります。**簡単な質問を一つずつしていくのも一案**です。

問題行動が起きた後でも、今後につながる対策は可能

特性を持つ子どもにおいて、特に周囲の人が困る行動の一つが「かんしゃく」（叫び声をあげたり泣いて暴れるなど）。ここではかんしゃくを例として、特性が引き起こす問題行動について対処方法をまとめます。

かんしゃくが起きる要因	対策の例
匂いやまぶしさに耐えきれない（感覚の過敏さ）	刺激を減らす道具を使う。 刺激の少ない場所を選ぶ
気持ちを言葉で表現できず、行動で表現している	気持ちを代弁する話しかけをする
慣れない場所で、不安や緊張が高まっている	事前に場所の説明をする。 落ち着くためのアイテムを持っておく
突然の予定変更に対応できない	事前にスケジュールや、予定の変更がある可能性を伝えておく
指示や課題が難しく、ストレスが高まる	やることをスモールステップに分けて、できそうなことから取り組ませる
疲れた、お腹がすいた（生理的な欲求）	その欲求を満たす
脳の仕組みから生じる、強い不安感や不安定さ	医師の指示に基づく投薬

［図11］かんしゃくが起きる原因と、それぞれの対策の例

なお、**いずれの対策をとるにしても、まずは場所を移すと、気持ちを切り替えて落ち着くことにつながりやすくなります。**

こうして見ると、その場で起きるとどうしようもないことと、ある程度の対策が事前や事後にできることの2つがあります。後者においては事前や事後の行動を変えることで、予防ができたり同じパターンを繰り返さないで済んだりと、工夫ができます。

問題行動を起こしてしまった後でも、「対策の例」にあるようなフォローが入る経験を繰り返し積むことで、子ども自身が落ち着くまでの流れを経験として積んでいくことを促します。

なお、特性を持つ子どもがかんしゃくやパニックなどを起こしているときは、何かしらの刺激が自分の受け入れられる範囲を超えてしまっていて興奮状態になり、落ち着いて思考ができない状態になっていることもあります。

落ち着いてほしいために、手を握ったり抱きしめたりするやり方をとる大人もいますが、これは、子どもに「触られている」「話しかけられている」といった刺激をさらに与えていることになります。

このようなときは、**いったんその場所を離れ、子どもも周りの人も傷つかない場所で時間をとる「タイムアウト」という方法が勧められています。**子どもを座らせてお尻が床やイスにつくと、少し力が抜けるのでいっそう効果的です。落ち着くまでそっとしておき、刺激をなるべく減らした環境を子どもに与えます。

子どもに対してタイムアウトを行うときは、「すぐホメ」同様、その場ですぐにできてすぐに終わることを冷静に行います。子どもが落ち着いてから、次に同じ状況になりそうだったらどうするか、落ち着ける方法はあるか、といった話し合いをします。

タイムアウトはアメリカでよく使われるしつけの方法で、決めたイスにしばらく座るといった方法で行われています。しかし、罰を与えるために行うと親子関係が悪化します。

罰を与えるよりも、「すぐホメ」などの望ましい行動を促す取り組みを、普段からたくさんしておくことを勧めます。

「愛する我が子のため！」からいったん離れてみる

激しい問題行動を起こしている子どもに対しては、我が子である分、感情が入りすぎて保護者のほうまで落ち着けなくなることがあるもの。ですがそういうときこそ、保護者側が一人の大人として冷静にとどまって対処を考える必要があります。

「もし**他人の子ども**が同じことをしていたら、どのように観察しているだろうか」

「もしこれが**仕事の部下**だったら、どのように観察して対処するだろうか」

と考えてみます。**「気持ちが入りすぎないほうが対処できる」と気がつくと、子どもへの関わり方も変わっていきます。**

特性とは関係なく、子どもが保護者の興味を引きたいために問題行動を起こすことがあります。

そのときに保護者がかまってあげてしまうと、子どもにとっては保護者に注目されたことがごほうびとなり、同じ行動を繰り返すことになります。

このように、**子ども側に意図がある問題行動に対して、認知行動療法では「計画的な無視」を行います。** 保護者が問題行動に注目せず、冷静にスルーする（取り上げない）と、子どもは注目というごほうびを得られなくなります。そのため、**気を引くための問題行動が自然と減る、という手法**です。

ここからも、子どもの問題行動のあるがままを保護者がストレートに受け止めてしまうと、子どもの行動を上手に調節する姿勢からずれていってしまうことがわかるかと思います。

冷静な対処をすることは、子どもを突き放す冷たい行為ではありません。自分の感情をコントロールしながら子どもを望ましい方向へ導いている行為です。

専門家や子育て経験者とつながっていると、問題行動について相談する機会を作れます。子どもの生まれついた特性や年齢（発達の段階）として仕方がない部分もある、状況によっては対処の仕方がある、など理解が進むことにつながります。

家族がブレずにチームプレイをするために

子どもの保護者が複数人である場合（母と父の二人だけでも、立派な複数人です）、保護者たちが基本方針を合わせて動ける育児チームとなることが大切です。

やってみた工夫や出来事を共有したり意見を交わしたり、子どもの預け先と連携をとっているのと同じようなやり方を、家族にも広げましょう。

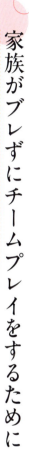

誰かを責めず、「それがなぜ起きているのか」を一緒に考え、どのように子どもに声をかけたりして支援していくか、足並みをそろえましょう。一人よりも複数人で相談しながら子どもへのサポート方法を決めると、ブレにくくなるというメリットも出てきます。

普段子どもと関わり合いを持つ人たちが一貫性をもってサポートするようになると、子どもは「いつも、自分に合うやり方」で接してもらえることから、安心感を持って暮らせるようになります。

保護者それぞれの考え方には、違いがつきものです。非常に細かいところまで対応を決めるなど、厳密に考えすぎるとかえってそれぞれのストレスになります。もし子どもへの対応で困ることがあったら、まずは相談先から意見をもらい、望ましい支援の仕方を家族で考えていきましょう。

「そもそもパートナーが、育児の悩みの話を聞いてくれない」と思ったら、ここでもスモールステップ作戦を発動します。 短い時間でもいいので、お互いがリラックスして雑談することから始めてみます。パートナーなど話し合いたい大人の相手に対しても、これまでに書いた「子どもへの対応の仕方」が使えるのです。

- 「そうなんだね」と相手の意見をいったん受け止める
- 自分がまず、心地よいやりとりの見本を示す
- 議論してもいいが、口論にはしない（そもそも「議論」とは、考え方や感じ方の違いを受け取りつつ、感情的になりすぎずに意見を交わす行為です。一方で「口論」とは、相手の意見を聞かずに自分が言いたいことを言い合って争う行為となります）

きょうだい児がいる場合には、その子も家族の一員として尊重し、主役になれる場面を与えましょう。

きょうだい児には、特性を持つ子のサポートをお願いする機会が出てくることもあるかもしれません。子どもたちが平等に人として家庭で暮らし、大切にされるように心がけてください。きょうだい同士がよきパートナーであることが、長い目で見ても大切です。

ただし、きょうだい児が定型発達で、親の介入や支援が少なくて済む子どもであっても、親に関わってほしい想いはあり、親の見えていないところで我慢をしているときがあるかもしれません。**きょうだい児にも「普段からよく頑張っているね」と認めて褒めましょう。**

特性は食べ物から作られてしまうことも

特性にまつわるさまざまな症状や二次障害での精神疾患に対して、栄養面からアプローチを行う医療が増えてきています。

これらの症状は脳の働きに関係しており、脳の中で情報をやりとりする神経伝達物質の量や働き方とつながっています。生まれつき脳のどこかにうまく働いていないところがある、あるいは処理の仕方（代謝の部門など）に問題が起きている、といった状況によって引き起こされています。

「代謝」とは、からだの中で、栄養素をエネルギーなどの必要な物質に変えたりする化学反応のことです。化学反応を十分に起こすには、十分な材料（栄養）が必要というわけです。栄養を入れることで、脳の働きと関わりがある神経伝達物質が十分に巡るように体を変えていき、脳の働き全般を改善させていく事例が出てきています。

医療現場で採用されることがある療法の一つとして、ここでは【栄養療法（オーソモレキュラー）】を紹介します。

栄養療法では血液などの詳しい検査を行い、遺伝にまつわる要因がないかや、その人に足りていない栄養（たんぱく質・ビタミン・ミネラル群など）を明らかにします。

普段の食事を見直しながらこれらを十分に摂るとともに、脳の炎症を招くといわれる糖類や炭水化物を減らし、脳の働きひいてはメンタルや体調が改善することを狙いとしています。

〈栄養療法の基本的なやり方〉

- たんぱく質・ビタミン・ミネラルのあるものを朝から積極的に摂る（卵が便利）

・食事では足りない栄養を、サプリメントやプロテインで補う
・糖質（小麦粉で作られた主食、白米、お菓子類）の食べすぎをおさえる
（※いずれも、医師の指示に基づいて行うことを勧めます）

特性のある子どもには、食べ物の好みの偏り、特に白い食べ物（うどん・パン・白米）、つまり糖質系ばかり食べている傾向が多く報告されており、それがメンタルの不安定さを助長しているのではないかという見解があります。

ところで、最近のプロテインには美味しいシェイクのようなフレーバーがそろっています。お菓子をほしがる前に、プロテインを飲めるでしょうか。試してみてください。**プロテインの選び方については、原材料や甘味料に注目し、できれば植物性由来の甘味料（ステビアなど）を使っているものがお勧め**です。

家族の食事を用意するのは保護者なので、子どもが栄養不足だとその問題は保護者にも見られることがあります。

プロテインなどを新しく用意して子どもに摂ってほしいと思ったら、まずは保護者が

「美味しい！」と感じて続けられるものを探し、そういう姿を見せましょう。**自分が嫌なものを子どもに勧めても、たいてい長続きしません。**

甘いものとは、ほどほどに付き合う

栄養療法の中で、**特にお勧めできない食材として伝えられるものが、精製された砂糖（白砂糖や果糖ブドウ糖液糖など）**です。

精製された砂糖は血糖値を急激に上げ、それに伴ってインスリンというホルモンが過剰に分泌されます。過剰なインスリンは血糖値を急激に下げ、疲労感やめまい、イライラといった心の不安定さを引き起こします。

従って、落ち込みやすさ・不安感・イライラ感といった心の不安定さは

- 摂取する砂糖を減らす（特に甘いお菓子類の常食を避ける）
- 精製された砂糖ではない甘味料を選んで、ほどほどに使う

で改善が見られるケースが少なくありません。

行動量が多かったり一度にたくさん食べられなかったりする子どもにとって、食事の合間におやつを取り入れるのは良い方法ですが、**おやつは毎回甘いものである必要はありません。**たんぱく質など他の栄養を摂れるものや、お菓子以外の選択肢も持つことを勧めます。

腸にいい生活をする

腸の状態をよくする生活習慣を「腸活」と呼んで、美容や健康に役立てることが話題になっています。実は、**腸の働きは脳にも深く結びついており、発達障害やうつ病とも関係していることがわかってきています。**

アリゾナ州立大学の研究では、ＡＳＤタイプの子どもの半数近くに下痢《げり》や便秘といった症状が見られています。発達障害に限らず、腸の状態が良くないと脳のパフォーマンスが落ちることが指摘されているのです。

腸の状態を改善するためにできることとして、以下が挙げられます。

〈食生活の改善〉

- 食物繊維を摂る（特に水溶性食物繊維：海藻、フルーツ、豆類、根菜など）
- 発酵食品を食べる（ヨーグルト、キムチ、納豆、味噌など）
- 加工食品や甘いものは控えめにする：悪玉菌のエサになります
- 小麦粉を使った食品を控えてみる：小麦粉に含まれるグルテンは消化が悪く、体質の相性によっては腸の粘膜に悪影響を及ぼすことが報告されています
- 食事のリズムを整える：腸の働きを安定させます

〈生活習慣の改善〉

- 十分な睡眠時間を確保する：睡眠不足は腸内環境のバランスを崩します
- ストレスを溜めない：腸の動きを乱し、便秘や下痢の要因になります
- 適度な運動：腸の動きを活発にします
- 水分をこまめに摂る

これまでのトピックに、「生活習慣を整える」話が結果として何度も出てきているのが

おわかりでしょうか。健康に気をつけて暮らすことは、特性のケアも含めて、すべての人のさまざまなトラブルを避けることにもつながります。

一人で抱え込まず、気持ちを散らせる方法も探す

子どもをケアし続けている保護者の葛藤や気苦労について、誰かに話を聞いてもらわないと爆発しそうなときもあると思います。

辛い話を聞かされたとき、それを自分側で引きずらない・持ち帰らない・正論や自論で横やりを入れてこない・人に言わない（守秘義務）のが話を聞く専門家、カウンセラーです。そういう人たちもいることを心の片隅に置いておいてください。

プロのカウンセリングには、心を整理して冷静な視点を持つ効果や、自分の頑張りを認められる感覚を得られるといった効果が期待できます。

次のような公共の機関でも、カウンセラーと接触することができます。直接会う窓口だけでなく、電話相談窓口もあります。

・児童相談所など、自治体の子育て相談窓口
・療育機関などにいる、特性や親子問題の専門カウンセラー
・学校を巡回する、または常駐しているスクールカウンセラー
⬇【住まいの自治体名　子育て　相談】で検索

有料サービスとしては、このような場所にもカウンセラーがいます。

・心療内科
・心理士などが経営するカウンセリングルーム

有料サービスではオンラインでのカウンセリングも行っているところが増えており、相談者にとって便利な状況がそろいつつあります。
⬇【住まいの市区町村名　カウンセリング】で検索

また、**子どもの悩みをいったん置いておいて、一緒にいてホッとできたり気持ちがまぎれたりする人と話をすることも、保護者の心のリフレッシュになります。**

他にも好きな場所や作業など、保護者が子育て以外に元気をチャージできる手段を持つことは、一人の人間として暮らしのバランスをとる大切な基盤になります。

休憩上手こそ子育て上手

日本よりも早く核家族化が進んで高齢化社会が到来した欧米諸国では、**【レスパイトケア】といって、介護をする側の人たちをケアすることが重要だという考え方**が根付きつつあります。介護や子育ての課題を解決する一つの方法として注目されています。レスパイトとは「ちょっと休憩」という意味です。

国際条約として「障害者権利条約」が採択され、障害のある人をケアする家族を守って支援すること、ケアする人たちのことも社会全体で支えていくことが、項目として含まれています。子育てや介護をしている人が、ケアしている相手から少しの時間でも離れて休むことは、世界の新しい常識です。

特性の強い子どもを他の保育者へ預けることには、気後れや不安がつきものかもしれません。さまざまな事情から、子どもと一人で向き合い続ける保護者もいます。

ですが、**保護者だけの価値観で子どもを育てることは、その子どもにとってふさわしくないやり方に偏ったり、育ての「困り感」を抱え続けたりするリスクもあります。**

孤独な子育てから抜け出し、保護者にかかる心身的な負担を軽減するためにも、時には他の保育者の手を借りて、子育てから休憩をとることを勧めます。

自分とは違った保育経験のある人からは、子どもの特性について新しい見解を得られることがあります。また、子どものことについてネガティブな考え方に引っ張られつつある保護者であるほど、**子どもから距離をとる時間を確保して気持ちをリフレッシュしていくことも大切**です。

特性のある子どもを療育施設へ連れて行ったり一時的に預けたりすることは、子どものケアであるとともに、保護者のレスパイトケアにもなります。

療育施設の中には、保護者の心のケアを重視しているところもあります。レスパイトケアを取り入れることは、保護者の「自分一人で頑張らなければならない」といったプレッシャーをやわらげる手助けにもなるのです。

保護者が一息つけるための、あらゆる工夫を探してみてください。

子どもにいいことは自分にもやってみる

ここまでで、特性を持つ子どものためにできることとしていろいろ書いてきました。大まかにまとめると、以下が大事だという話になります。

- **さまざまな刺激を受ける遊びや活動をする**
- **傷つくような言葉かけや乱暴な行動をしない、人格を責めない**
- **わかりやすく、見通しが立つ環境づくりをする**
- **いいところに注目して褒める**
- **栄養をバランスよく摂り、腸をいたわる食生活をする**
- **困りごとや、頑張ってもできないことはサポートを受ける**

これらは、**保護者自身にも同じく行うように心がけてください。**困難な子育ての中ではなおさら、保護者の体や心をケアすることは重大な優先事項です。

また、**子どもへ新しい工夫や遊びの提案をするとき、保護者が自分でやってみて「これはいいいね」「楽しいな」と感じる姿を見せることができると、子どもも乗ってきやすい**のではないかと思います。

特性を持つ子どもは、人が健やかに生きていくために必要なことを、改めて私たちに提案しているのかもしれません。

第 5 章

大きくなったときにどうするか

進学先の選び方と、学校への問い合わせ方法

いよいよ最後の章となりました。ここでは、特性を持つ子どもの義務教育後から就職について解説します。子どもの自立にあたっては、就職前後のサポート制度や利用できるサービスがいろいろあります。

特性を持つ子どもが高校や大学への進学を考えるとき、志望校を選ぶ際には、

- 通いやすい場所であるか
- 子どもと学習レベルが合っているか

の他に、その学校でも子どもの特性について支援の手立てがあるかどうかが気になる点だと思います。

特性を持っていても知能が高い、あるいはグレーゾーンであるなど、保護者や子ども自身の感覚から「特別支援校はちょっと違うかもしれない」と考えるケースもあります。

2024年4月以降、学校も、無理のない範囲で合理的配慮を行うことが義務となって

います。義務教育後の子どもを受け入れているたいていの学校でも、特性を持つ学生について対応経験はあると考えられます。

ただし、どのような子どもに対してどのようなサポートをしてきたかなど、経験値や可能な範囲は学校によって違いはあることが予想されます。

合理的配慮の取り組みについては、学校サイトなどで公開されていないことがほとんど。

志望校へ、子ども特有の不安な点や配慮してほしい点などを事前に相談したい場合には、

- **学校サイトの「お問い合わせ」フォームで質問をする**
- **受験前の訪問機会（オープンキャンパスや学校説明会など）で学校関係者に直接相談する**

といった方法があります。

なお、「学生相談室」や「カウンセリングルーム」といった名前で生徒のメンタル面やさまざまな相談を受ける窓口を用意している学校もあり、こういったところでも特性にまつわる支援経験があることは考えられます。

また、大学などでは「リソースセンター」といった部門で、支援が必要な学生のために

制度を整えているところもあります。ＳＬＤタイプ向けに文章の読み上げや録音などのサポートを行ったり、授業で合理的配慮を受けるための手続きをサポートしたりといった支援が行われています。

入学試験の際にも、事前に相談すれば別室で受験させてもらうといった合理的配慮をしてもらえます（【特例受験】といいます）。これが許可されるには、今まで配慮してもらってきた内容などを確認するために事前面談が行われます。

特例受験を考えるときには、遅くても受験する年度の前半までには、担任の先生や特別支援教育コーディネーターに相談しましょう。

義務教育後もさまざまな学校が選べる

特性を持つ子どもが義務教育を終えて次の学校への進学を考える場合、以下のような選択肢があります。自立を目指して早めに職業訓練を行っている学校もいろいろと存在します。

・**全日制高校**：普通高のほか、工業・商業・農業などに特化した学校もあり、得意な分野を選べます

・**中高一貫校の高等部**：中学校での様子や配慮が比較的スムーズに、高校へ引き継がされます

・**定時制高校**：午前・午後・夜間の部にわかれており、さまざまな年齢の人が通います。卒業に4年かかります

・**通信制高校**：主に自宅学習し、週に1回程度の面接登校をします。卒業期限なし

・**特別支援学校の高等部、または高等特別支援学校**：障害児教育の専門校。支援体制のほかに生活スキル・就労体験などのプログラムがあります。高卒資格は得られません（通信高校などとの併修、高卒認定試験を受けることで取得できます）

・**高等専修学校**：教科ではなく、商業事務やファッションなど専門的な知識を学びます高卒資格がないところや、大学入学資格付与指定校もあります

得意な作業や好きな領域が決まっている子どもの場合、教科を広く学ぶ学校ではなく専門的な技術を学ぶ学校を選択肢に入れることも考えられます。

中学よりも学習の量が増えるので、**体力や精神面でついていけるか、あるいは通学について負担がきつくないか、**入学前から見学や相談をして検討することを勧めます。

自分からサポートを求めるやり方を教えよう

特性を持つ人が進学や就職といった機会を得ていく中では、やらなければいけないことのうち難易度が高いものもあることでしょう。保護者や各拠点によるサポートが、まだまだ必要になるケースもあることも考えられます。

それでも、周りの人と同等の教育を受ける権利や、不当な扱いを受けずに能力を活かして働く権利を、自分で主張できるようにすることが、自立の道を歩む一環として大切です。

学校や職場などで、自分について必要な支援や配慮を求めることを「セルフアドボカシー」といいます。

大きくなっても、特性のために周囲の人とコミュニケーションをとったり、自分の気持ちを伝えたりするのが苦手な人もいます。でも、そのままにしておくのではなく、困ったときの行動の仕方を考えておきましょう。

例えば、学内や職場などで困りごとが起きたときに**「どういう相談を・どこに・誰に相談しに行けばいいか」をあらかじめ本人や支援者が一緒に確認します。また、助けてもらいやすい頼み方を考えて練習しておきます。**

なお、特性を持つ人のセルフアドボカシーをサポートする団体があり、ワークショップや相談会など、さまざまな支援を行っています。

➡【セルフアドボカシー　団体】などで検索

自立と就職に向けてのサービスがいろいろある

発達障害を持つ人であっても、働く前には自分の健康管理や社会的なふるまいといったライフスキルのように、社会人として基礎の準備が整っていることが大切な条件になります。

障害者総合支援法という法律に基づいて、障害のある人たちが自立をして働くことを支援するために、さまざまな福祉サービスがあります。大きく分けると次の通り。

- **【自立訓練】（機能訓練・生活訓練）**：基本的な生活のためのトレーニングを、学校のような雰囲気で提供しています
- **【就労移行支援】**：雇用先で働くまでの訓練や、就職活動のサポートを行います
- **【就労継続支援】**：働く作業がしやすい環境を用意して、仕事の経験を積める機会を作ります

これらでは、特性のために働くことに困難がある人たちの相談も受け付けています。

国の施設で、就職面を手広くサポートしているのが**【ハローワーク】**（公共職業安定所）。ハローワークをはじめ国のサポート事業所は数が少なく、遠方で訪問が困難であったり混雑していたりすることから、特性を持つ人が通う場合にはストレスが強くなることがあります。

国や自治体から助成を受けて就労支援事業を行っている企業や、就職相談を受け付けている地域のNPO法人やボランティア団体もあります。身近な支援団体に問い合わせを行

うのも手です。

➡【住まいの自治体名　発達障害　就職相談】などで検索

ここから先では、【自立訓練】【就労移行支援】【就労継続支援】について、さらに詳しく見ていきましょう。

働く手前の自立訓練

国や自治体から助成を受けて、支援事業を行っている企業があります。ここでは、特性を持つ人の自立を目指して生活訓練プログラムを作っており、学校のように通える仕組みを用意しています。例えば、以下のことが学べます。

- **あいさつや雑談の工夫・断り方など、基本的な会話のコツ**
- **税金や福祉制度の仕組み**
- **家事の基本**

・仕事の種類（業種・職種）
・就職活動についての知識
・基本的なパソコンやソフトの使い方

本人の前年度の収入によって、負担の上限額が決まります。就職前であれば本人の収入は0円なので、無料で通うことができます。自治体によっては、自立訓練に通う人のために交通費の助成をしてくれる制度もあります。

自立訓練や就職の支援事業を行っている施設は【住まいの自治体名　自立訓練】などで検索すると出てきますが、心療内科の窓口や、地域の「ユースプラザ」など青少年を支援する拠点にパンフレットが置かれていることがあります。地域や施設によってプログラムの内容は違うので、事前に見学をしましょう。

かなり多岐にわたる国による就労支援サービス

日本における就労支援サービスの大きなものとして「ハローワーク」と【地域若者サ

ポートステーション（サポステ）】があります。これらは連携して、仕事を探す人の事情に合わせた就職の支援を無料で行っています。

特性がある人については、障害者手帳があるかどうかで、利用の仕方の流れに違いが出てきます。

1 仕事をあっせんするハローワーク

ハローワークには年齢制限がなく、誰でも利用することができます。電話予約ができる拠点や、来所が困難な人に向けてオンラインでの相談を行っている拠点もあります。面接対策や履歴書の書き方をはじめ、就職活動にまつわるさまざまなサービスを行っており、就職につながる幅広い相談ができます。企業ともパイプがあり、全国各地の求人情報を持っています。

ここには障害者手帳を持った人や**発達障害の人専門の窓口があり、相談を受け付けています。**

ハローワークは、いくつかの障害者支援施設と連携しています。障害者手帳を持つ人の場合、以下の2つのセンターを紹介してもらう流れになることが多いです。

1　障害者就業・生活支援センター：住まいの地域で働くことについて情報が集まっており、相談ができます。

2　地域障害者職業センター：どんな仕事が向いているかを検査したり、準備の支援をしてくれたりします。

・12週間の就労支援カリキュラムがある（講座や職場体験実習など）
・障害者雇用が決まった後に、ジョブコーチ（p225）の職場派遣をお願いできる

就労移行支援事業所という、働くために必要な知識やスキルを学ぶところも存在します。使用できるのは合計で2年間、という制約がありますが。

ハローワークには、就職支援ナビゲーターや発達障害者雇用トータルサポーターといった人たちがおり、特性を考慮に入れた就職をサポートしています。県立の産業技術専門学校といった、公共の職業能力開発施設の紹介も行っています。

また、近年ではインターネットサービスとして【新卒応援ハローワーク】が立ち上がっ

ており、初めての就職活動を幅広くサポートしています。

2 働く準備をサポートする「地域若者サポートステーション」

15～49歳を主な対象とし、就労や社会参加に向けた支援を行っています。ここでは仕事のあっせんは行っていません。

不登校や引きこもり、発達障害、就労経験の少なさなど、さまざまな課題を抱える若者に対して、個別の状況に応じたサポートを提供しています。地域によりますが、発達障害の人への対応に力を入れている拠点もあります。

支援内容は多岐にわたりますが、主に以下のようなプログラムを用意しています。

●**キャリアカウンセリング**：相談員が個別面談を行い、若者の悩みや課題を聞き取りながら、就労や社会参加に向けた計画を一緒に立てます

●**就労準備プログラム**：就労に必要な基本的なスキルやマナーを学ぶことができます。職場でのコミュニケーション方法や時間管理、履歴書の書き方など、実践的な内容となっています

●**社会参加のための訓練**：グループワークやボランティア活動が用意され、社会的な経験を積む機会が提供されます

●**職場体験や職業紹介**：地域の企業や団体と連携し、職場体験の機会を提供します。職業への適性を見極める助けになります

●**家族支援**：家族がどのようにサポートすれば良いかを学ぶ場や、同じ課題を持つ家族同士の交流をサポートします

仕事の経験が積める「就労継続支援事業所」

働きたいけれど一般企業への就職に難しさがある人たちに向けて、「A型」「B型」という2つの種類の事業所が用意されています。いずれも、働きながら職場でのルールやマナーなどを学ぶ機会があったり、実際の職場で働く予備練習として社会学習や訓練ができたりします。

イメージとしては、**B型は働くための生活リズムを作ったり、自分のペースで仕事のやり方をつかんでいくところです。A型は、それよりも企業で働くスタイルに近い状態で、**

	【就労継続支援A型事業所】	【就労継続支援B型事業所】
1か月分の賃金　平均（令和5年度）（※）	86,752円	23,053円
雇用契約	あり（一般企業の従業員と同じ扱い。最低賃金が保証される）	なし（週1や1日1時間など、ゆるく働ける）
仕事の内容	一般企業に近い製造・事務・販売などの作業	食品や製品づくり、デジタルコンテンツ（イラストなど）制作、カフェサービスなどさまざまな軽作業
その他の特徴	原則では、働けるのは65歳まで	休憩所で休みながら働けるところもある

※厚生労働省「障害者の就労支援対策の状況」より作成

［図12］就労継続支援A型事業所とB型事業所

最低賃金をもらいながら働くところです。

　スタッフにはカウンセラーなど福祉資格を持つ人もおり、見守りと指導が行われています。これらでの労働を経て、企業への就職へ進む人たちもいます。

自己分析をした上で、合う働き方をしよう

特性を持つ人の働き方はさまざまです。個人の発達の度合い、苦手なこと、得意な作業と仕事内容との相性、働きやすい環境を用意できるかどうか、などさまざまな要素を考えていく必要があります。

大切なのは、自分の特性を理解し、できることも苦手なことも知っていて説明ができることです。就労支援サービスなどで、そのアドバイスも行っています。

コミュニケーションに困難さがあれば、それをサポートしてもらえる環境や、コミュニケーションを強く重視せず得意な作業に集中できる職種を選ぶといった発想が必要になります。

企業の社風などにもよりますが、主な働き方には次のようなものがあります。

- 障害者を専門に雇う「特例子会社」へ就職する
- 障害者手帳を取得して、障害者として企業へ就職する

・企業へ就職し、特性を周囲に伝える（オープン就労）
・企業へ就職し、特性を周囲に伝えない（クローズ就労）
・自営業など自分に合う就職先で働く

民間企業での4つの働き方

1 障害者のための会社【特例子会社】で働く

大企業では、雇用した障害者たちが働く専用の子会社を持っていることがあり、それを特例子会社といいます。

特例子会社では障害者がいることを前提に、彼らが働き続けやすいように職場が作られているため、一般企業よりも障害者に対するサポート体制が充実していることが多いです。就業規則が障害者に沿った内容になっていたり、一般企業の中で働くよりも特性を理解してもらえたりする環境といえます。

特例子会社は知的障害・身体障害を持つ人向けに用意されていることが多いですが、**特**

性を持つ人たちも迎えつつあります。

なお、特性があっても一般企業への就職を目指す人もいます。社名で調べれば特例子会社であることがわかるため、履歴書に記載されたくないという考えを持つ人もいます。

2 一般企業で障害者として働く

従業員が一定数以上の事業主（会社や、国・自治体の機関）では、従業員の数に対して一定割合の障害者を雇う**【障害者雇用】**が法律で義務付けられています。法律で決められた障害者雇用の割合は数年ごとに引き上げられており、2026年度には2・7％になる予定です。

合理的配慮を受けやすいこと、周囲から特性について理解してもらいやすいために長く働いている人が比較的多いようです。**特性がありつつも会社で求められる仕事ができる人が、他の社員と同じように働く**、という環境です。

ということは、**組織の中で協力し合って仕事を進めることは不可欠になる**でしょう。

事業主には、障害の種類や程度に応じて、適切な仕事内容や職場環境を用意することが求められています。障害者として就職すると、企業によっては異動がなかったり、比較的簡単な事務作業などが割り当てられたりすることがあります。そのために、給与が低く、キャリアアップの機会が限られる場合があります。

また、「障害者雇用＝障害者手帳を持っている人のための就職枠」ではありますが、**募集人数が少なく**、人気の企業には希望者が多いことがあります。なので、一般就職と比べて倍率が低いかというと、そう言い切れるわけではありません。

企業では障害を持った社員に向けて、以下のような取り組みが行われています。

- **働きやすい環境づくり**：バリアフリー化、作業の工夫、コミュニケーション支援など、特性をカバーする取り組みが行われているところもあります。
- **職業訓練**：必要なスキルや知識を習得するための訓練を提供します。
- **ジョブコーチの配置**：ジョブコーチとは、職場で当事者の支援をする専門職で、職場と連携しながら環境の調整などを行います。
- **柔軟な勤務体系**：時差出勤や短時間勤務など、当事者の状況に合わせた働き方を提供します。

3 特性を理解してもらって一般企業で働く【オープン就労】

一般就職をして、就職後から診断名を職場の人たちに伝えて働くやり方を「オープン就労」といいます。主に、就職後から特性が判明して診断をもらったケースの人がこれにあたります。

特性をオープンにするということは、

- 勤め先に自分の特性などを伝えて、合理的配慮を求めることができる
- 就労移行支援事業所などからサポートを受けて、勤め先との調整を行ってもらうことができる

など、企業や外部の施設から必要な支援を受けながら働くことにつながります。

4 特性を伝えずに一般企業で働く【クローズ就労】

オープン就労に対して、**自分の特性を伝えずに働くことを「クローズ就労」と呼びます。**オープン就労のデメリットである、**給与面やキャリアアップが期待できない点を乗り越えるために、自分の持つ能力を発揮できる仕事内容を希望する人が選んでいます。**

例えば、クリエイティブで多くの活動をこなす職種では多動性を持つ人、プログラミングなど決まった作業をこなす職種では過集中を持つ人と相性がいいことが考えられます。

給与や昇進面では働きに応じた評価を得られますが、特性を公にしないことで、少し距離のある関係者（お客さんや他の部署など）からは理解してもらいづらいデメリットがあります。

ただし、どう頑張っても苦手なことは組織の上司へ伝えて、チームとして処理していく方法（分担を変える・手伝ってもらうなど）を組み込んでもらうと、組織としても働きやすさや効率が上がることでしょう。うまくできないことや失敗体験が積み重なった場合、メンタルの問題から二次障害を起こす可能性がありますから。

通院の状況や特性によっては、オープン就労のところに書いたような取り組みの一部、例えば勤務体系にまつわるところ（時差出勤など）を相談の上で使わせてもらうといった余地があります。

企業では、特性だけでなく、例えば持病を持った人も同様に配慮を受けながら働いています。さまざまな配慮を必要とする人たちであっても、能力を活かして成果を出してくれることが職場にとっては大切なので、当事者と職場の人たちで協力して業務を回していく工夫が求められることでしょう。

積極的に採用する企業がある

特例子会社以外に、発達障害の特性を持った人を積極的に採用している企業があります。

現在、「ニューロダイバーシティ」（脳や神経の多様性）の名のもとに、マイクロソフトをはじめとする大手ＩＴ企業が、自閉症の人を採用する制度を行っています。

また、日本の中小企業では独自の社風を持っているところがあり、障害者雇用の割合が高い企業もあります。

これらの企業では例えば、同じ作業をひたすら続けるのが得意な人や、プログラミングなどに秀でた能力を持った人を、その強烈な強みを活かせる部門へ多く採用することで効率アップにつなげています。

障害者雇用は給与が少ないという不安を解消するには

厚生労働省の「令和5年度障害者雇用実態調査結果」によると、従業員規模5人以上の事業所で発達障害者（精神障害者保健福祉手帳を提示している人、または特性の診断をもらっている人）の1か月平均賃金は約13万円です。

給与が少ないように見えるのは、特性による強い疲労感のために長時間働くことが難しい人が多い、非正規雇用（正社員ではない働き方）の割合が高いといった事情も含まれています。

特性のある人が障害者雇用での就職を考えるとき、不安になる点は

- 給与が少ない
- 本人の能力に対して仕事の内容が簡単で、やりがいを感じられない

といったことだと思います。

ただ、特性のあるなしにかかわらず、働き方については以下のようにいろいろな考え方

があります。

- 支出が少ない暮らし方を選ぶ
- 収入の柱を他にも用意する
- 本業の他に、やりがいを見つけられることをする

収入の柱を増やすことについては、国から障害年金などの補助を受けることを検討したり、勤務先が副業を許可しているならば自分の得意なことや好きなことで収入の柱を他に作って、そちらで生きがいを持ったりするやり方も考えられます。

ただ、特性を持つ人は、社会に出て立ち回るだけで疲労度が高くなりやすいことがあります。好きなことであっても、疲れやすさのために長い時間作業することが難しい人もいます。

無理のないペースで働いて、収入以上にお金を使わない工夫をして生活することも、バランスのとれた暮らし方の一つです。

お金を使わない工夫とは、モノを買うことを我慢するというやり方だけではありません。

娯楽の誘惑が少なくてあれこれ買いたくならずに済む環境を選ぶ、買っても安く済むやり方や生活費が安い地域を選ぶ、モノを大切に長く使うことを選ぶ、といった方法も考えられます。

モノを買うことで得られる幸せな経験もありますが、「買わない」ことは不幸になるのかというと、それは価値観の違いによるところです。

以上から、給与の額だけで本人や周囲が不安を高めすぎないように気をつけたいものです。

やりがいが感じられないことについては、雇用主の努力や社風によるところもありますが、**当事者側からも、就職の手前で自分が得意なことを伝えるなどの努力は必要**です。

障害年金の基本中の基本

働くことが困難なときのセーフティネット（危機に対応する方策。雇用や生活保護など多岐にわたる）にはいろいろなものがあり、住まいの自治体の役所や社会福祉協議会に問い合わせると情報を得られます。

特性にまつわる支援制度としては、特性や精神的な病気（二次障害によるうつ症状なども含まれる）のために**仕事をすることが困難な人が受給できる【障害年金】があります。障害年金は20～65歳の人が対象**です。**3つの等級があり、もらえる額は年金の加入時期や支払い状況、就業しているかどうかなどで変わります。**

障害者手帳の有無は問われないのですが、療育手帳がある人（知的障害がある人）でないと、なかなか取得できない状況もあるようです。ただし、一般企業で働いているけれど通常の勤務時間より短い時間しか働けないなど特別な配慮をしてもらっていたり、通院や治療が多かったりする場合では、働いていても受給できるケースがあります。

障害年金を受給するための書類には、

- 初診日（最初に発達障害について診察を受けた日）
- 病歴
- 暮らしや働くことについて支障が起きている詳しい状況

などを書くことが求められ、書類作成には初診日の調査などかなり手間がかかるところがあります。

医療機関や地域の支援センターなどにいるソーシャルワーカーに、書類を書くサポートを頼むことができます。障害年金の書類作成に詳しい社会保険労務士もおり、手数料を払って書類を作ってもらうこともできます。

書類のほか、医師の診断書・住民票をまとめて年金事務所に提出して申請を行います。今までよりも症状が悪くなっているようであれば医師へ説明し、その旨を診断書にも書いてもらうようにお願いしましょう。

➡日本年金機構のウェブサイト：https://www.nenkin.go.jp/

人には自立する権利がある

特性を持つ子どもであっても、さまざまなサポートを受けながら成長し、いつかは自立する姿を見ることが、たいていの保護者が願っていることではないでしょうか。

自立には以下の3つがあります。

- **自分の稼ぎで生活する、経済的自立**
- **身の回りのことは自分でする、日常生活上の自立**
- **自分のことは自分で決めて生きていく、精神的自立**

特性によっては、これらすべてをこなすことがどうしても難しいケースもあるかもしれません。

この中で核となるのは、精神的自立です。サポートを受けながらも、「自分は何をどこまで頑張れるのか」を判断してチャレンジし、失敗や納得を繰り返して人生を進めていくことは、その人の自信になります。

経済的自立については、保護者が資産を残して子どもが一生苦労しないようにするという考え方もあります。しかし、子どもがお金の価値を実感を伴って理解するきっかけは、自分で行動した対価としてお金がついてきたときに限られるのではないでしょうか。

人によっては、働くことが難しい状況もあるかもしれません。特性に由来する生き辛さを乗り切れるように、体や心のストレスを軽くして生きていくことがもちろん大切です。

働くことは、その人が持つ権利です。（憲法第27条）

働くことは社会とつながり、役割を果たして自分のありかを作っていく道であり、達成感を得て、誰かの役に立つ喜びを感じる営みでもあります。

特性を持った子どもを社会に出すことについて、戸惑ったりどうしたらいいか立ち止まったりしたとき、こうした働くことの意義がその手助けになればと思います。

参考文献一覧

1. 『東京小児療育病院の発達障害外来にみる発達障害の理解と治療・支援』赤星恵子、小林有未／東京小児療育病院
2. 『家庭編 アスペルガー症候群・高機能自閉症の子どもを育てる本』佐々木正美／講談社
3. 『発達障害という才能』岩波明／SBクリエイティブ
4. 『発達障害児の偏食改善マニュアル』山根希代子、藤井葉子／中央法規出版
5. 『発達障害に関わる人が知っておきたいサービスの基本と利用のしかた』浜内彩乃／ソシム
6. 『教えて、明橋先生！ 何かほかの子と違う？ HSCの育て方Q&A』明橋大二／1万年堂出版
7. 『0歳から大人、進学から就職へのすべてがわかるハンドブック 発達障害の基礎知識 改訂版』宮尾益知／河出書房新社
8. 『発達障害白書2024年版』日本発達障害連盟／明石書店
9. 『発達障害の診断と治療　ADHDとASD』榊原洋一、神尾陽子／診断と治療社
10. 『発達障害の内科的治療の手引』柏崎良子、柏崎久雄、池田勝紀／ヨーゼフ
11. 『PANS／PANDASの正体　こだわりが強すぎる子どもたち』本間良子、本間龍介／青春出版社
12. 『ちょっとしたことでうまくいく　発達障害の人が上手に暮らすための本』村上由美／翔泳社
13. 『「遺伝が9割」そして、親にできること』ダニエル・ディック、竹内薫／三笠書房
14. 『児童精神科医が語る あらためてきちんと知りたい発達障害』篠山大明／慶應義塾大学出版会
15. 『発達障害「グレーゾーン」その正しい理解と克服法』岡田尊司／SBクリエイティブ
16. 『まんがでわかる 子育て・仕事・人間関係 ツライときは食事を変えよう　はじめてのオーソモレキュラー栄養療法』溝口徹、あらいぴろよ／主婦の友社

17.『親子ではじめる！　天才ごはん　栄養療法でみるみる脳の働きがよくなる！』藤川徳美／方丈社
18.『発達障害の子の療育が全部わかる本』原哲也／講談社
19.『［DSM-5対応］最新　子どもの発達障害事典』原仁／合同出版
20.『わが子がギフティッドかもしれないと思ったら　問題解決と飛躍のための実践的ガイド』ジェームス・T・ウェブ、ジャネット・L・ゴア、エドワード・R・アメンド、アーリーン・R・デヴリーズ、角谷詩織／春秋社
21.『ディスレクシアだから大丈夫！　視点を変えると見えてくる特異性と才能』ブロック・L・アイディ、ファーネット・F・アイディ、藤堂栄子、辻佑子、成田あゆみ／金子書房
22.『「発達障害」と間違われる子どもたち』成田奈緒子／青春出版社
23.『発達障害・グレーゾーンの子がグーンと伸びた　声かけ・接し方大全　イライラ・不安・パニックを減らす100のスキル』小嶋悠紀、かなしろにゃんこ。／講談社
24.『最新図解　自閉症スペクトラムの子どもたちをサポートする本』榊原洋一／ナツメ社
25.『ぼくはアスペルガーなお医者さん「発達障害」を改善した3つの方法』畠山昌樹／KADOKAWA
26.『うちのでこぼこ兄妹　発達障害子育て絵日記』寺島ヒロ／飛鳥新社
27.『発達障害&グレーゾーンの小学生の育て方』井上雅彦、LITALICO発達ナビ編集部／すばる舎
28.『「発達障害」と言いたがる人たち』香山リカ／SBクリエイティブ
29.『発達障害大全「脳の個性」について知りたいことすべて』黒坂真由子／日経BP
30.『発達障害は最強の武器である』成毛眞／SBクリエイティブ
31.『子どもの敏感さに困ったら読む本　児童精神科医が教えるHSCとの関わり方』長沼睦雄／誠文堂新光社
32.『発達障害当事者研究　ゆっくりていねいにつながりたい』綾屋紗月、熊谷晋一郎／医学書院

33.『教師が活用できる　親も知っておきたい　発達が気になる子の学校生活における合理的配慮』鴨下賢一、池田千紗、荻野圭司、小玉武志、高橋知義、戸塚香代子／中央法規出版
34.『ありがとう、フォルカーせんせい』パトリシア・ポラッコ、香咲弥須子／岩崎書店
35.『ありがとう、チュウ先生』パトリシア・ポラッコ、さくまゆみこ／岩崎書店
36.『ぼくは川のように話す』ジョーダン・スコット、シドニー・スミス、原田勝／偕成社
37.『ぼくは数式で宇宙の美しさを伝えたい』クリスティン・バーネット、永峯涼／ＫＡＤＯＫＡＷＡ
38.『ルポ　高学歴発達障害』姫野桂／筑摩書房
39.『私は発達障害のある心療内科医「いつも生きづらさを感じている人」への処方箋』星野仁彦／マキノ出版
40.『うちの子、へん？発達障害・知的障害の子と生きる』吉田可奈、ワタナベチヒロ／扶桑社
41.『図書館の仕事　祥弘さんの1日』季刊『コトノネ』編集部、山本尚明、野口武悟、藤井克徳／社会福祉法人埼玉福祉会
42.『書くことと描くこと　ディスレクシアだからこそできること』濱口瑛士／ブックマン社
43.『発達障害で生まれてくれてありがとう シングルマザーがわが子を東大に入れるまで』菊地ユキ／光文社
44.『私たちは生きづらさを抱えている　発達障害じゃない人に伝えたい当事者の本音』姫野桂、五十嵐良雄／イースト・プレス
45.『イスタンブールで青に溺れる 発達障害者の世界周航記』横道誠／文藝春秋
46.『アスペルガーとして楽しく生きる　発達障害はよくなります！』吉濱ツトム／風雲舎
47.『生きづらいと思ったら　親子で発達障害でした 入学準備編』モンズースー／ＫＡＤＯＫＡＷＡ
48.『発達障害　僕にはイラつく理由がある！』かなしろにゃんこ。、前川あさ美／講談社

49.『発達障害で問題児　でも働けるのは理由がある！』かなしろにゃんこ。、石井京子／講談社
50.『コーヒーはぼくの杖〜発達障害の少年が家族と見つけた大切なもの』岩野響・開人・久美子／三才ブックス
51.『僕が手にいれた発達障害という止まり木』柳家花緑／幻冬舎
52.『発達障害のピアニストからの手紙　どうして、まわりとうまくいかないの？』野田あすか、野田福徳・恭子／アスコム
53.『発達凸凹っ子に英才療育？してみた生後0日からの子育てバトル』古都コト子／飛鳥新社
54.『発達障がいとトラウマ　理解してつながることから始める支援』小野真樹／金子書房
55.『子どもの脳は食べ物で変わる』生田哲／ＰＨＰ研究所
56.『脳科学の先生！　子どもの発達障害の悩みを最新研究で解決してください』久保田競、原田妙子／ＫＡＤＯＫＡＷＡ
57.『1万人の脳画像を見てきた脳内科医が教える　発達凸凹子どもの見ている世界』加藤俊徳／Ｇａｋｋｅｎ
58.『活かそう！発達障害脳「いいところを伸ばす」は治療です。』長沼睦雄／花風社
59.『Ｎｅｗｔｏｎ超絵解本　精神科医が語る　発達障害のすべて』山末英典／ニュートンプレス
60.『Ｎｅｗｔｏｎ別冊　精神科医が語る　発達障害のすべて』科学雑誌Ｎｅｗｔｏｎ／ニュートンプレス
61.『イラストでわかる特性別発達障害の子にはこう見えている』小嶋悠紀／秀和システム
62.『発達障害を見過ごされる子ども、認めない親』星野仁彦／幻冬舎
63.『子どもの発達障害　誤診の危機』榊原洋一／ポプラ社
64.『発達「障害」でなくなる日』朝日新聞取材班／朝日新聞出版
65.『発達障害？　グレーゾーン？　こどもへの接し方に悩んだら読む本』米澤好史／フォレスト出版
66.『発達障害の子どもと生きる』松為信雄／幻冬舎ルネッサンス

67.『知ってラクになる！　発達障害の悩みにこたえる本』鈴木慶太、飯島さなえ／大和書房
68.『発達障害　最初の一歩　お友だちとのかかわり方、言葉の引き出し方、「療育」の受け方、接し方』松永正訓／中央公論新社
69.『発達障害の人が就職したくなる会社　発達障害者の自立・就労を支援する本②』発達障害者の自立・就労を支援する会、宮尾益知／河出書房新社
70.『〝うつ〟〝ひきこもり〟の遠因になる　発達障害の〝二次障害〟を理解する本』宮尾益知／河出書房新社
71.『発達障害から知る子育て』岡田和美／マガジンランド
72.『精神科の受診や特徴までがわかる　発達障害・メンタル不調などに気づいたときに読む本』浜内彩乃／ソシム
73.『発達障害チェックノート　自分が発達障害かもしれないと思っている人へ』福西勇夫／法研
74.『改訂版 発達障害児のための支援制度ガイドブック』日本発達障害ネットワーク／唯学書房
75.『家族で支援する発達障害　自立した進学と就労を進める本』高原浩／河出書房新社
76.『子どもが発達障害といわれたら　幼児期から大人になるまでのＱ＆Ａ70』中田洋二郎、猿渡知子、楯雅博／中央法規出版
77.『わが子が発達障害とわかったら読む本』主婦の友社／主婦の友社
78.『図解でわかる発達障害』広瀬由紀／中央法規出版
79.『最新図解　発達障害の子どもたちをサポートする本』榊原洋一／ナツメ社
80.『発達障害の人には世界がどう見えるのか』井手正和／ＳＢクリエイティブ
81.『発達障害の子どもを理解する』小西行郎／集英社
82.『改訂新版　発達障害の子どもたちの進路と多様な可能性』日野公三／ＷＡＶＥ出版

83.『発達障害の子どもがぐんぐん伸びるアイデアノート』吉濱ツトム／メディカルパブリッシャー
84.『発達障害あんしん子育てガイド：幼児から思春期まで』小学館／小学館
85.『発達障害&グレーゾーンの子の「できた！」がふえる　おうち学習サポート大全』植木希恵／主婦の友社
86.『最新の医学・心理学・発達支援にもとづいた子育て法　発達特性に悩んだらはじめに読む本』西村佑美／Ｇａｋｋｅｎ
87.『発達障害グレーゾーン』姫野桂、ＯＭｇｒａｙ事務局／扶桑社
88.『死にたかった発達障がい児の僕が自己変革できた理由』西川幹之佑／時事通信社
89.『マンガでわかる　発達が気になる子の検査・診断・支援』岩永竜一郎／中央法規出版
90.『発達障害&グレーゾーン子育てから生まれた　楽々かあさんの伝わる！声かけ変換』大場美鈴／あさ出版
91.『発達障害&グレーゾーンの３兄妹を育てる母のどんな子もぐんぐん伸びる１２０の子育て法』大場美鈴、汐見稔幸／ポプラ社
92.『学校に行かずに家庭で学ぶ ホームスクールのはじめ方』佐々木貴広／秀和システム
93.『この子はこの子のままでいいと思える本』佐々木正美／主婦の友社
94.『子どもが「発達障害」と疑われたときに読む本』成田奈緒子／講談社
95.『発達障害の子の子育て相談①思いを育てる、自立を助ける』明石洋子／本の種出版
96.『発達障害の子の「励まし方」がわかる本』有光興記／講談社
97.『発達障害の子を持つ親の心が楽になる本』外科医ちっち／ＳＢクリエイティブ
98.『ケーキの切れない非行少年たち』宮口幸治／新潮社
99.『障害から始まるイノベーション　ニーズをシーズにとらえ直す障害学入門』田中真理、横田晋務／北大路書房
100.『発達障害を人類学してみた』照山絢子／診断と治療社

おわりに

ここまで読んでくださり、ありがとうございました。

「発達障害」に限らず、新しい言葉を突然伝えられると「わからないところが何なのかが、わからない」など、大きく戸惑う方が多いのではないでしょうか。

これまで未知のジャンルに首を突っ込んでは情報をとってきた人として、まずはこの「わからない」の壁に当たっている人が、全体の大枠をつかめるものがあるといいと考え、このような本になった次第です。

制度などには地域差も見られ、各章においては、さまざまなとらえ方もあることと思います。この本をきっかけに、気になったところはさらに調べを進めていくことで、発達障害への理解を深めていただけましたら幸いです。

発達障害の子どもたちにまつわる情報について、20年前とはだいぶ様相が変わりました。たいていの検索では何かしら情報が得られるという喜ばしい点もある反面、多すぎる情報の前に立ち尽くしてしまう時代でもあります。

そこにＣｈａｔＧＰＴはじめ生成ＡＩが登場するのも当然な流れで、ユーザーの指示通りにネット情報からまとめを作成してくれる存在として心強いものがあります。

しかし、生成ＡＩはネットから情報を集めますが、言い換えると、本のような濃度と情熱をもって、生身の人間が意志をもって大切なことを伝えるように仕上げることまではできません（今のところ）。

発達障害の子どもやその周辺の制度について調べる中で特に参考になったのは、療育に携わる方々や、当事者とその家族たちによるリアルな体験を記録した本でした。それぞれの立場や感性から生まれる言葉があり、持っている視点があります。そういったものは「本になる価値がある」からなっているわけで、今でも本とネット（生成ＡＩから得られるものも含め）の間には、情報の厚みとしてけっこうな差があるように感じています。

自分が本を出すことになり、本１冊に仕上がるまでの手間と苦労、出版社さんが「本にするに値する」と判断する重みを体感することになりました。もちろんネット記事にもよいものがありますが、本という形で世に出ているもののすごさを、改めて噛みしめることになりました。

子どもの発達障害について、最終的に参考文献100冊を選んで巻末リストに掲載しています。「このシリーズは全部そろえたい」というものもあり、すべてを紹介しきれなかったのですが、リストにその一部は入れておきました。これを手がかりに、希望に合う本を見つけていただければうれしく思います。

本を集めるのは金銭的にもなかなか大変なことで、私は地域の大型図書館も大いに活用しました。図書館は、地域の人が情報を得るためのサービス拠点です。読みたい本をリクエストするなど便利な使い方もあるので、ぜひ足を運んでみてください。

さて、参考文献が増えるにつれ、いかに多くの方々が発達障害の子どもたちに携わり研究されているかという事実に触れることとなりました。そこで理解したのは、医学的に見てもちょっとした遺伝子などの差でしかないという点で「特性があってもなくてもすべての人は平等である」という観点でした。これをもって、家庭や社会のありかたについて思うところがあります。

まず、保護者と子どもは平等であること。保護者は、大切なことを教える中で、子どもの行動をある程度はコントロールします。

ですが、彼らの人生を支配していいわけではありません。逆に、子どもが保護者の人生を支配していいわけでもありません。子どものケアに手を尽くしている保護者であるほど、ご自身の心身を大切にしていくことが本当に重要であることを理解していただき、自分を満たしながら子どもと手をつないで歩んでいってくだされぱと願っています。

次に、多数派と少数派は人として平等であること。

世の中では多数派の意見が通りやすいので、それを元にさまざまなルールや仕組みが作られてきました。ですが発達障害をはじめ少数派が詳しく知られつつあり、社会のルールもまた転換期を迎えているところなのだととらえています。


この本では、特性を持つ子どもを育てるにはいくつかのコツがあり、それは多くの人に役立つ技でもあると書きました。執筆にあたっても、「あいまいな言い方を避ける」「見通しが立つ話をする」といったポイントを心掛けたつもりです。中でも、「自分だけでやるのが難しければ、様々な人たちの力を借りる」ことは大変大きな力になりました。

難しい子育てのために長年引きこもってきた私が本を出すことができたのは、次にご紹介するかたがたのサポートをいただいたおかげに他なりません。

【謝辞】

出版塾TACにて本書の企画を磨いてくださいました長倉顕太さん、原田翔太さん、
私を見出してくださり手をかけてくださいましたGakken編集担当の杉浦博道さん、
ご多忙な折にあたたかくご監修してくださいました池田勝紀先生、
参考文献の収集に大きく貢献してくださいました伊村美紀さん、
学校教諭や子ども支援のご経験からご意見をいただきました上村公亮さん、
当事者を理解する社会福祉士として制度関連の助言をいただきました西保孝昭さん、
児童支援サービスのご経験から助言をいただきました藤川里奈さん、
出版へのスクラムを組んで共に切磋琢磨したTAC5期のみなさん、
出版にまつわる相談やプレゼンを聞いてアドバイスをくれた旧友のみなさん、
これまでにつながってくださり応援してくださったみなさん、
多数の参考文献をそろえてくださっていた横浜市中央図書館、
発達障害についてそれぞれの立場で濃い情報をまとめてくださいました著者のみなさま、

一番近くで出版について真剣に考えてくれた家族たち、
みなさまのおかげでこの本はかたちになりました。心より感謝申し上げます。

2025年4月　桃川あいこ

当書籍では、できる限り正確な情報を提供するよう努めています。しかし、医療の進展や新しい診断基準の策定により、掲載内容が古くなる可能性があります。そのため、すべての情報が常に正確であることを保証するものではありません。また、患者さんそれぞれの状況は異なるため、全てのケースで安全性を保証できるものではありません。

我が子が発達障害だとわかったら絶対に知っておきたいこと

2025年4月8日　第1刷発行

著　者　桃川あいこ
監修者　池田勝紀
発行人　川畑 勝
編集人　中村絵理子
編集担当　杉浦博道
発行所　株式会社Gakken
　〒141-8416　東京都品川区西五反田2-11-8
印刷所　三松堂株式会社

●この本に関する各種お問い合わせ先
本の内容については、下記サイトのお問い合わせフォームよりお願いします。
　https://www.corp-gakken.co.jp/contact/
在庫については　Tel 03-6431-1201（販売部）
不良品（落丁、乱丁）については　Tel 0570-000577
　学研業務センター　〒354-0045　埼玉県入間郡三芳町上富279-1
上記以外のお問い合わせは　Tel 0570-056-710（学研グループ総合案内）

©Aiko Momokawa 2025 Printed in Japan

本書の無断転載、複製、複写（コピー）、翻訳を禁じます。
本書を代行業者等の第三者に依頼してスキャンやデジタル化することは、
たとえ個人や家庭内の利用であっても、著作権法上、認められておりません。

学研グループの書籍・雑誌についての新刊情報・詳細情報は、下記をご覧ください。
学研出版サイト　https://hon.gakken.jp/